KB203116

안티 기독교 뒤집기

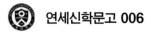연세신학문고 006

안티 기독교
뒤집기

허호익 지음

동연

머 리 말

안티 기독교 현상을 어떻게 볼 것인가?

기독교나 기독교 신자들을 박해하거나, 비판하거나, 왜곡하는 일은 기독교가 생겨난 이래 끊임없이 다양한 형태도 지속되고 있다. 기독교의 교리나 신앙 행태의 문제점을 사실에 근거하여 애정을 가지고 비판하는 것이 아니라, 사실을 왜곡하거나 허구를 통해 기독교의 기본을 부정하고 비난하려는 목적으로 대놓고 반대를 위한 반대를 일삼는 것을 안티 기독교라고 할 수 있다. 이런 점에서 '비판적 기독교인'과 '안티 기독교'는 질적으로 다른 것이라고 할 수 있다. 그래서 안티 기독교(Anti-Christianity)를 한글 성서는 기독교를 대적하는 '적(敵)그리스도'라고 번역하였다. 성서는 "예수께서 그리스도이심을 부인하는 자"와 "아버지와 아들을 부인하는 자"(요1서 2:22), "예수 그리스도께서 육체로 오심을 부인하는 자"(요 2서 1:7)들을 모두 '적그리스도'라고 하였다.

역사적으로 보면 교회가 복음 선교의 열정을 가지고 예수께서 분부한 모든 것을 모든 족속에게 가르쳐 지키게 하려는 과정은 순탄치 못했다. 처음부터 기독교는 그들에 대해 적대적인 사회와 종교로부터 근거 없이 오해나 비난을 받았으며 엄청난 핍박과 박해를 받기도 하였다. 첫 세기에 기독교 신앙이 선교되는 과정에서 부딪힌 외적 장애 요인들은 크게 세 유형으로 구분할 수 있는데, 첫째는 로마 제국의 정치적·사회적 박해이며, 둘째는 희랍 철학의 사상적 비판이고, 셋째는 유대교와 이방 타종교들의 종교적 도전이었다.

예수 당시에도 유대인들은 예수를 신성모독자로 판결하였고 빌라도의 법정으로 넘겼으며 로마인들은 예수를 모반자로 여겨 십자가에 처형하였다. 로마 시대에는 기독교인들이 로마의 여러 신들을 부인하는 무신론자이며, 로마 시민의 의무인 황제 숭배의 의무를 거부하는 무정부주의자며, 예수의 죽음과 부활을 기념하기 위한 성찬식을 식인야만으로 매도하고 기독교인을 재판도 없이 처형하였다. 그래서 저스틴과 같은 교회 지도자들은 로마 황제에게 이를 변호하는 변증서를 보내 기도 하였다.

특히 마르쿠스 아우렐리우스 통치기에 살았던 셀수스 (Celsus)라는 철학자는 175-180년 사이에 많은 저작을 남겼다. 그는 『참된 말씀』이라는 책을 통해 기독교에 대하여 통렬하게 비판했다. 이 책은 반기독교 저서의 효시가 되었다. 그는 그리스도가 동정녀에게서 탄생한 하나님이 아니라 로마 군인 판테라와 한 여인 사이에서 태어난 사생아라는 주장을 폈다. 성서의 기적 사건들은 허구적인 이야기이고, 자신의 죽음에 대한 예수의 예언은 제자들의 창작이며, 부활 기사도 여러 신화들을 기초로 재구성한 것이라고 했다. 그는 이런 주장이 담긴 240개의 글을 암브로시우스를 통해 오리겐에게 보냈고, 오리겐은 『셀수스 반박』이란 글은 통해 그의 반기독교적 주장을 조목조목 반박하였다.

오리겐은 신학의 과제 중 하나가 기독교에 대한 편견과 무지로 기독교를 아무런 근거 없이 왜곡하는 반기독교적 주장을 반박하고 기독교를 바로 알리는 것이라는 전례를 남겼다. 이처럼 반기독교적 주장의 왜곡과 허구를 반박하는 저술 활동을 한 최초의 변증가들(apologist)이 최초의 신학자들이었다.

오늘날에도 셀수스처럼 기독교의 가르침으로 그럴듯하게 왜곡하고 냉소적으로 대적하는 안티 기독교인들이 적지 않다. 그 대표적인 예로서 최근에 논쟁이 된 '예수 아내 파피루스'를 들 수 있다.

예수가 그들에게… "'나의 아내'…라고 말했다"라는 문구가 쓰여 있는 파피루스를 미국 하버드대 신학대학원 캐런 킹 교수가 2012년 9월에 공개하여 세계적인 이목을 집중시켰다. 미국의 뉴욕타임스(NYT)는 2014년 4월 10일 컬럼비아대와 하버드대, 매사추세츠공과대학(MIT) 교수들이 이 파피루스 문서를 분석한 결과 현대에 들어 위조된 것이 아닌 고대 문서일 가능성이 크다고 하였다. 제임스 야들리 컬럼비아대 전기공학과 교수는 "마이크로 라만 분광기로 문서에 사용된 잉크의 화학적 구성을 조사한 결과 기원전 4세기에서 기원후 7-8세기 문서에 쓰인 잉크와 완전히 일치했다"고 했다는 것이다. 그리고 티모시 스웨이저 MIT 화학과 교수도 "적외선 분광기로 조사했지만 누군가 손을 댄 흔적은 전혀 없었다"며 "만약 그랬다면 극도로 어려운 일이었을 것"이라고 말했다.

그러나 1년 후 영국 케임브리지대 출판부가 발간한 성서학 권위지 '신약학'(New Testament Studies–NTS) 제61권 제2호(2015. 7)에서 소위 '예수 아내의 복음서'라는 파피루스 조각은 현대에 와서 위조된 것이라는 내용을 다룬 특집 논문 6편과 논란을 설명하는 사설 1편을 실었다. 파피루스 자체는 오래된 것이지만, 여기에 옛 잉크 성분과 비슷하게 제조한 잉크로 이미 알려진 콥트어 텍스트를 모방하여 예수가 '나의 아내'라고 한 말을 위조한 것으로 보인다는 게 NTS에 실린 전문가들의 의견이다.∎

다시 말하면 아무것도 쓰여 있지 않는 고대의 파피루스를 구하고, 당시의 잉크 성분을 분석하여 비슷하게 제조하고, 고대 콥틱어를 아는 전문가(또는 전문가들)가 예수에게 아내가 있었다고 왜곡하기 위해 고대 문서를 위조한 것이 드러난 것이다. 기독교의 기본 교리를 왜곡하기 위해 고도로 전문적인 고고학적 증거까지 날조하는 지성적인 안티 기독교의 전형적

∎ 연합신문(인터넷판), 2015. 7. 17.

인 형태라 할 수 있다.

3세기 희랍 철학자 셀수스가 기독교를 왜곡하고 적대한 것처럼 높은 수준의 지식을 갖춘 자들의 기독교에 대한 반감과 왜곡은 어제 오늘의 일이 아님을 알 수 있다. 우리나라에서도 외국의 저명한 저술가들의 반기독교적인 저서들이 무분별하게 번역 출판되어 기독교에 대한 왜곡과 반감을 부추기고 이를 맹목적으로 추종하는 이들에 의해 확대 재생산 되고 있다.

이러한 반기독교 서적의 영향을 받은 이들이 노골적으로 반기독교 단체를 만들기 시작하였다. 이들은 1993년 이후 PC 통신에 이어 1996년부터 인터넷을 통해 우후죽순으로 늘어나고 있다. 이들은 기독교를 '개독교'라고 폄훼하고 있으며 몇 년 전 통계에는 33개의 반기독교 단체(사이트)들이 활동하고 있다고 한다. 그 중에 현재까지 가장 영향력이 큰 단체는 반기독교시민운동연합(반기련, www.antichrist.or.kr)인데, 가입회원이 2015년 7월 현재 1만 8천여 명이다.

반기련 사이트는 "천국 지옥 거짓말 2000년, 전쟁과 피로 이루어진 종교, 사람을 차별하는 종교, 개인의 정신을 그리고 사회를 좀 먹는 사회악 기독교, 참여하는 행동이 기독교 없는 맑은 사회를 만듭니다"는 구호를 내걸고 있다. 그리고 "바이블 (Bible)은 아예 공갈과 협박으로 시작해서 마침내, 사람이 꺼지지 않는 지옥 불에 들어가서 영원히 이를 갈며 신음하리라는 악담과 저주를 보여 주는 무지막지한 악서(惡書)임을 알아야 합니다"는 주장과 더불어 "바이블 19금 지정 촉구를 위한 1000만 명 서명운동"을 벌리는 중인데 1만 8백여 명이 참여하고 있다.

고등 종교라고 할지라도 모든 종교는 순기능과 역기능이 있기 마련이다. 기독교가 세계사와 한국 사회에 끼친 여러 공헌이 아주 많아 다 열거할 수 없지만, 그 과정에서 파생된 부정적인 측면도 없지 않지 않았다. 그러나 보편적인 시각과 객관적인 상식으로 볼 때 기독교가 끼친 순기능이 그 역기능 보다는 훨씬 컸다는 것을 부정할 수 없을 것이다. 그럼에도 불구하고 최근 한국 사회에서 일어나고 있는 안티 기독교 운동은 기독교의 이러한 순기능 자체를 전적으로 부정하는 모습을 보이고 있어 안타깝게 바라보며 무시하거나 방치할 수 없는 지경에 이르렀다.

최근 한국교회 자체가 자성하고 자정하여야 할 부분이 적지 않다는 사실을 인정하고 그에 대한 비판은 공감하고 달게 받겠지만, 근거 없이 기독교를 비판하거나 기독교의 존재자체를 아예 부정하는 것은 더 큰 문제라고 생각된다. 무엇보다도 근거 없이 기독교를 비난하는 내용들이 인터넷을 통해 무차별 유포되는 것에 대해 좌시할 수 없어 안티 기독교 사이트에서 유포되는 터무니없는 주장에 대한 반론을 펴려고 한다.

끝으로 여기에 실은 글들은『현대종교』에 2007년과 2001년에 연재한 내용들인데, 안티 기독교의 실상을 보다 많이 알리기 위해 뒤늦게나마 출판을 하게 되었다. 1부는 반기련 홈페이지의 핵심적인 반기독교적인 주장에 대한 반박이다. 2부는 기독교의 기본적인 사실에 왜곡하거나 부정하려는 반기독교적 의도로 저술된 책들의 주요 논지를 반박한 글이다. 일부 저서는 반기독교적인 아니라 기독교에 대해 비판적인 글이라고 항변할 수도 있을 것이다. 그러나 그 저서에서 반기독교적이라는 비판을 받아 마땅한 논지를 들추어내어 이를 지적하려고 한다.

이 작은 책을 통해 반기교적인 주장의 허구와 왜곡을 비판할 수 있는 사람들이 많아져서 맹목적으로 안티 기독교를 추종하거나 이에 미혹되는 일이 줄었으면 하는 바람이 아주 크다.

　이 책을 아름답게 꾸며 출판해 준 도서출판 동연과 연세신
학문고 관련 담당자들에게 진심으로 감사드린다. 아울러 교
정을 보아준 이혜미 조교에게 고마움을 전한다.

2015년 6월

허호익

차 례

2부_ 반기독교 저서 반박

1부

안티 기독교에 답한다

0 1

예 수 는 신 화 적 허 구 의 인 물 인 가 ?

반기독교시민운동연합(반기련, www.antichrist.or.kr)의 '안티바이블'이라는 게시판에는 성경 내용을 반박하는 104편의 글이 실려 있다. 서론 격에 해당하는 '나는 왜 성경을 우롱하는가'라는 글에서 예수가 허구의 신화적 인물이라는 학설이 힘을 얻고 있다고 주장한다.

"이미 서구에서는 예수 자체가 허구의 인물이라는 학설이 힘을 얻고 있는 마당이다. 구약의 역사는 말할 필요도 없다. 단군의 실체를 부정하면서, 정작 서구에서는 예수가 신화적 허구의 인물이라는 설이 힘을 얻어간다는 것은 어찌 모르는가?"

아마도 디모시 프리크와 피터 갠디의 공저 『예수는 신화다』 (미지북스, 2009)를 염두에 두고 이런 주장을 하는 것으로 여겨진다. 따라서 『예수는 신화다』라는 책의 주장을 살펴보고 이를 반박하려고 한다.

예수에 대한 왜곡은 어제 오늘의 일이 아니다. 역사학적, 종교학적 검증 없이 예수와 기독교에 대하여 왜곡하여 온 저술들이 무수하다. 『예수는 신화다』도 그 중에 하나인데, 그 핵심은 예수가 역사적 인물이 아니라 신화적인 인물이라는 것이다. 이집트의 오시리스 신화와 희랍의 디오니시우스 신화가 결합되어 미스테리아 신앙이 유행하였는데, 4세기 가톨릭교회가 오시리스-디우니시우스 신화를 말살하고 예수 신화를 만들었다는 것이다. 이를 주장하기 위해 예수와 관련된 여러 사실들이 미스테리아 종교와 얼마나 유사한지 장황하게 늘어놓았다. 그런데 미스테리아는 밀교(密敎)를 뜻하며 밀교라 번역되어 왔는데, 이를 '미스테리아'로 직역하여 무슨 미스테리가 있는 것 같은 암시를 주고 있다.

그리고 바울마저도 예수를 역사적인 인물이 아니라 신화적인 인물로 보았는데, 악명 높은 콘스탄틴 황제가 기독교를 공인한 후 그의 신하였던 유세비우스라는 기독교 역사가를 시켜 오시리스-디오니시우스 신앙을 말살하고 신화적인 인물인 예수를 역사적 인물로 각색한 것은 '거대한 음모의 결과'였다고 주장한다(위 책 35쪽). 그러나 이러한 주장이야 말로 바울의 생애와 유세비우스 시대의 역사를 저자들이 마음대로 각색한 '웃기는 음모의 결과'이다.

바울은 로마서 서론에서 예수를 가르켜 "육신으로는 다윗의 혈통에서 태어나신 분이며, 영으로는 죽은 자 가운데서 부활하신 분"(로마서 1장 3-4절)이라고 하였다. 예수는 오시리스 신화처럼 '인간의 탈'을 빌려 쓴 가현적(假現的) 인간이 아니라 역사적 실존 인물이었다. 그리고 오시리스처럼 해마다 반복하여 재생하는 존재가 아니라, 죽은 자 가운데서 단 한번 부활하신 분임을 분명히 하였다.

더군다나 4세기의 기독교 역사가 유세비우스가 신화적 인물 예수를 역사적 인물로 각색했다는 주장은 한심하기 짝이 없다. 유세비우스 보다 200년 전에 이미 예수는 역사적 인물로 기록되었다는 것은 역사적 상식이기 때문이다. 주후 70년을 전후하여 예수의 역사적 생애를 기록한 4복음서 외에도 유대 역사가 요세푸스가 주후 76-79년 사이에 쓴 『유대고대사』와 『유대전쟁사』나, 로마의 역사가 타키투스(Thakitus 주후. 55/56-120년경)가 쓴 『연대기』(15/14. 3.)에서도 유대 총독 빌라도에 의해 나사렛 사람 예수가 십자가에 처형당한 것이 기록되어 있다. 주후 170년경 헬라의 풍자 작가인 루시안(Lucian)도 예수가 "십자가에 달려 죽은 현자(賢者)"라고 기록하고 있다. 이러한 역사적 기록을 부정하고 예수를 신화적 인물로 주장하는 만용에 통탄할 일이다.

역사적으로 보면 기독교가 신화적 예수를 역사적 예수로 각색한 것이 아니라, 그 반대로 영지주의가 역사적 예수를 신화적 인물로 각색한 것이라는 사실은 종교학자들에게는 상식으로 통하는 견해이다. 이 책은 이러한 종교학적 상식조차 결여한 것으로 비판받아 마땅하다.

이 책은 '미스테리아' 신앙을 받아들인 영지주의 기독교가 본래적인 기독교라고 거듭 주장한다. '밀교 신앙'이 고대 유럽의 민중들 사이에 널리 퍼진 것은 사실이다. 역사적으로 보면 이러한 밀교 신앙이 기독교인들에게도 큰 영향을 주어 역사적 예수의 죽음과 부활에 대한 기독교 신앙을 밀교 신앙과 혼합하여 영지주의 기독교가 등장한 것이다. 따라서 영지주의자들이 역사적 기독교를 영적 기독교로 왜곡한 것이기 때문에 기독교(저자들의 용어로는 문자주의자들)가 영지주의를 문자주의로 왜곡한 것이 아니다. 영지주의의 주장을 조금만 살펴보면 저자들의 가설이 전도된 것임을 알 수 있다.

145년경 영지주의자 마르키온(Marcion)은 구약의 천지(물질)와 인간(육체)을 창조한 여호와는 열등한 신이며, 신약의 영혼의 아버지 하나님과는 다른 신이라고 주장하고 예수가 육신으로 태어나 고난 받고 죽은 것을 부정하였다. 심지어 일부 영지주의자들은 예수가 십자가에 달려서 외친 "엘리 엘리 라마사박다니(나의 하나님 나의 하나님 어찌하여 나를 버리셨나이까)"라는 구절을 영지주의적으로 해석한다. 아람어 엘(El)은 보통명사로서 신(神)이라는 뜻일 뿐만 아니라 영(靈)을 뜻한다고 보았다. 그러므로 예수의 영(神)이 인간의 육체를 빌려 마치 유령처럼 이 땅에 나타났다가, 예수가 십자가에 달렸을 때 인간의 육체적 가면을 벗어버리고 다시금 영적 존재로 되돌아가려고 하자, 예수의 가현적인 육신이 "나의 영이시여, 나의 영이시여 어찌하여 나(육체)를 버리셨나이까?"라고 외친 것이라고 한다. 그래서 로마 교회에서는 사도신경을 통해 영지주의를 반박하기 위해 전능하사 천지를 창조하신 하나님이 바로 아버지 하나님과 같은 하나님이시며, 예수는 동정녀 마리아에게서 나시고 빌라도의 고난을 받으시고 십자가에 달려 죽으신 것으로 고백한 것이다.

『예수는 신화다』의 저자들의 주장을 자세히 읽어 보면 논리적 일관성이나 명확성이 부족하며, 자체 모순이 가득 차 있음을 알 수 있다. 그 구체적인 사례 하나만을 들어보자. 주후 3세기의 한 부적의 그림을 근거로 "십자가에 못 박힌 사람은 예수로 착각하기 쉽지만 사실은 이교도 신인 오시리스-디오니수스였다"(85쪽)고 했다가, 그 다음 페이지에서는 "최초의 십자가상에 나타난 예수는 곧 오르페우스였다"고 하였다. 그리고 다른 곳에서는 영지주의 문서인 『옹호자 도마의 책』을 인용하면서 예수와 모든 점에서 닮은 도마라는 "예수의 쌍둥이 형제가 대신 십자가에 못박혀 죽었다"(185-186쪽)고 주장한다. 그리고 몇 페이지 뒤에는 영지주의 문서인 『위대한 세트 신의 두 번째 이야기』를 인용하면서 "십자가에 매달려 죽은 것은 (예수의 십자가를 대신 지고 간) 구레뇨 사람 시몬이다"(189쪽)고 하였다. 그렇다면 진짜로 십자가에 죽은 자는 누구인가? 오르페우스인가, 도마인가, 구레노 시몬인가? 예수시대에 십자가에 처형된 사람이 수만 명이지만 오직 예수의 십자가만이 결정적이고 차별적인 의미를 지닌다는 사실을 저자는 아는지 모르겠다.

이 책의 핵심적인 내용이 예수가 십자가에 달려 죽었다가 문자 그대로 죽은 자가 부활한 역사적 인물이 아니라는 사실을 주장하려는 것이 핵심임에도 불구하고, 실제로 십자가에 달려 죽은 자에 대해 이처럼 오락가락하는 주장을 내세우는 것을 보면 저자들의 지적 수준이 의심스러운 주장을 펴고 있다. 그럼에도 불구하고 반기련 사이트에서는 예수가 허구적 신화적 인물이라는 학설이 힘을 얻고 있다는 황당한 주장을 펴고 있는 것이다.

0 2

예수 이전에 다른 메시아들이 있었는가?

반기독교시민운동연합의 '안티바이블' 게시판에 개재된 '나는 왜 성경을 우롱하는가'라는 글에서 그들은 '예수 이전에 다른 메시아들이 있었다'고 주장한다.

"예수 역시 그와 너무도 비슷한 행적을 보이는, 또 다른 메시아들이 로마 제국 시대에 예수보다 먼저 등장했었다."

이러한 주장은 예수 시대의 역사적 배경을 잘 모르는 이들에게 예수 외에도 여러 메시아가 있었는데 예수만 유일한 메시아로 주장하는 것은 잘못된 일이라는 의미를 함축하고 있다. 그러나 우리가 조금만 주의 깊게 성서의 역사적 배경을 살펴보면, 구약성서뿐 아니라 예수 시대에도 무수한 메시아가 있었던 것을 확인할 수 있다. 그러나 예수는 그 모든 메시아와 질적으로 구분되는 유일하신 메시아로 손색이 없었고 그래서 유일한 메시아로 고백되어 온 것이다. 마찬가지로 예수 시대에 예수만 십자가에 달려 죽은 것은 아니다. 예수 역시 민란에 가담한 두 명과 함께 십자가에 처형되었다. 헤롯 사후에 로마의 통치를 거부한 유대인 2000명이 한꺼번에 십자가에 처형되기도 하였다. 로마 통치 기간 동안 수만 명의 유대인들이 십자가에 처형된 것으로 추정된다. 그러나 그 모든 십자가의 죽음과 예수의 십자가의 죽음은 무한한 질적 차이가 나기 때문에 예수의 십자가만이 지금도 구원론적 의미를 지니는 것이다.

따라서 예수 당시에 어떤 메시아가 있었으며 예수는 어떤 의미에서 유일한 메시아인지 살펴보려고 한다. 예수 당시의 언어적 관습에 따르면 '메시아'는 문자적으로 '기름부음을 받은 자'를 의미한다. 히브리어 메시아가 희랍어로는 그리스도로, 그리고 한문으로는 기독(基督)으로 번역되었다. 예수는 고유명사로서 나사렛 출신의 예수의 이름이지만 메시아는 이름이나 성이 아닌 칭호이다. 따라서 마하트마 간디의 경우 마하트마가 '위대한 영혼'이라는 칭호이듯이 '예수 그리스도'는 이름과 칭호가 합해진 것으로 '예수 기름부음을 받은 자'라는 뜻이다.

구약성서에는 기름부음을 받아 공직에 오른 왕, 제사장, 예언자를 모두 메시아로 불렀다. 사울과 다윗과 솔로몬 같은 왕이나, 성전의 대제사장이나, 궁정 예언자와 제의 예언자와 같은 직업적인 예언자는 공적 직무를 부여할 때 머리에 기름을 붓는 의식을 행하였다. 따라서 이들은 '기름부음을 받은 자라'는 의미에서 메시아로 통칭되었다. 따라서 구약성서에 등장하는 왕, 제사장, 예언자들은 모두 메시아라고 할 수 있다. 그런 의미에서 무수한 메시아가 있었던 것이 사실이다.

그러나 예루살렘의 멸망(BC. 587년)으로 이스라엘의 왕정과 제의가 중단된 포로기 이후에는 공식적으로 기름부음을 받은 자들이 더 이상 존재할 수 없게 되었다. 포로에서 귀환하여 페르시아에 의해 유대의 총독으로 임명된 스룹바벨과 대제사장 여호수아가 무너진 왕정과 제의를 회복하려고 했으나 크게 성공하지 못했다. 외세의 지배하에 부패한 지도자들에게 실망한 대다수의 유대인들은 예전의 기름부음을 받은 자들과 같은 카리스마적인 지도자들을 회상하며 하나님께서 가까운 미래에 새로운 기름부음 받은 자 즉 메시아를 세우셔서 이스라엘 백성을 구원해 줄 것을 고대하였다.

이런 배경에서 다양한 메시아 운동을 일으켜 메시아로 자처하거나 추종자들에 의해 메시아로 추대된 여러 인물들이 등장하기도 하였다. 이스라엘의 메시아 대망에 가장 빈번히 나타나는 것은 다윗의 후손으로 이상적인 통치를 펼칠 왕적 메시아이다. 마카비의 전례에 따라 로마와 그들과 결탁한 상류층 유대인들에 대한 무장봉기를 일으켜 스스로 왕위를 얻을 기회를 노리거나 추종자들에 의해 왕으로 추대된 자들도 없지 않았다. 요세푸스는 헤롯 사후(BC 4)에 에스기아의 아들 유다가 갈릴리에서, 헤롯의 종이었던 시몬이 베레아에서 그리고 목자 출신 아스롱(Athronges)이 유대에서 추종자를 모아 무장 봉기를 일으키고 스스로 왕적 메시아라고 주장한 사실을 기록하고 있다.

왕적 메시아와 더불어 이상적인 제사장적 메시아의 도래를 대망하였다. 현실적으로 제의가 중단되거나 대제사장 가

문의 부정과 부패에 실망할 때마다 이스라엘 백성은 살렘의 제사장-왕이었던 멜기세덱(창 14:17)을 회상하며 이상적인 대제사장을 고대(시 110:4)하였다. 쿰란 종파는 스스로를 '새 계약의 공동체'라 하여 이상적인 제의 공동체로 여겼으며, 그 창시자인 '의의 교사'를 종말에 나타날 새로운 제사장적 메시아라 하였다.

그리고 기원전 1세기의 랍비와 서기관들은 학개, 스가랴, 말라기와 더불어 참된 예언이 종식되었다는 공식적인 교리를 주장했다(미 3:5-6). 이런 배경에서 백성들은 하나님의 종말론적인 영이 임한(욜 2:28-29) 새로운 예언자가 도래할 것을 대망하였다.

이처럼 예수가 태어나기 직전에는 메시아 대망이 고조된 위기의 시대였고 대체로 다음과 같은 메시아의 등장을 학수고대하고 있었다. 첫째로 메시아는 공식적으로 '기름부음을 받은 자'라는 제한된 문자적 의미로 사용된 것이 아니라 '구원을 가져올 자'라는 포괄적인 의미로 통용되었다. 둘째로 메시아는 하나님이 세우실 카리스마적인 지도자를 의미했다. 현존하는 유대 왕이나 대제사장이나 서기관이나 율법학자들에게 실망한 다수의 민중들은 믿고 의지할 신실한 지도자가 없었기 때문에, 하나님이 택한 인물 중에서 그러한 직무를 올바르게 수행할 이상적인 인물로서 카리스마적인 권위를 지닌 새로운 지도자를 고대하였던 것이다. 셋째로 메시아는 역사 안에 나타날 구체적인 인물로 기대되었다. 이스라엘의 역사를 통해 실재했던 다윗과 같은 왕, 아론과 같은 제사장, 모세와 같은 예언자가 다시 한 번 역사 한 복판에 구체적인 모습을 드러낼 것을 기대한 것이다.

예수는 이러한 메시아적 기대에 부응하는 인물로 등장하였다. 물론 예수는 공적 직무에 취임한 왕이나 제사장이나 예언자가 아닌 것이 사실이다. 그러나 예수는 영적으로 기름부음을 받은 자로 등장한 것이 분명하다(행 4:29, 10:38). 예수가 세례를 받았다는 것은 분명한 역사적 사실이며, 세례 시 하나님의 영이 그 위에 내렸다는 것은 복음서에 일치된 증언이다. 마태는 예수의 역사적 메시아 사역을 삼중적인 것으로 요약하고 두 번씩이나 언급하였다.

"예수께서는 모든 도시와 마을을 두루 다니시며 가시는 곳마다 회당에서 가르치시고 하늘나라의 복음을 선포하셨다. 그리고 병자와 허약한 모든 사람을 고쳐 주셨다(마 4:23, 9:35 참고. 공동번역).

이처럼 예수는 성령의 기름부음을 받음으로 신적인 권위와 권능을 가진 카리스마적인 지도자로 등장하여 권위 있고 새롭게 백성을 가르쳤으며, 권위와 권능을 가지고 하나님의 나라를 선포하였으며, 권위를 가지고 죄를 사하시고 권능을 가지고 병을 고치셨다는 것은 역사적인 사실로 인정되고 있다. 예수는 구약성서에 나오는 왕, 제사장, 예언자의 직분을 통합하여 완성시킨 이상적인 메시아에 대한 기대를 충족시킨 카리스마적 구원자로 등장한 것이다. 당시의 민중들이 '나사렛 예수와의 놀랍고도 압도적인 만남'을 통해 예수를 구세주로 믿고 메시아로 고백하는 것이 자연스러웠다는 사실은 부정할 수 없다. 그래서 예수가 제자들에게 "너희는 나를 누구라고 하느냐?"고 물었을 때, 베드로는 "당신은 그리스도(메시아)요 살아 계신 하나님의 아들"이라고 고백한 것이다.

03

예 수 는 인 도 를 다 녀 온 부 처 의 제 자 인 가 ?

1. 예수는 정말로 12세 이후 인도로 갔는가?

반기독교시민운동연합(반기련) 사이트에는 '12세 이후 예수는 정말로 인도로 가서 부처의 제자가 되었다'는 주장이 여러 편 등장한다. 특히 불문학 박사인 민희식 한양대 교수가 신문지상에 '예수는 한때 불교 고승이었다'라는 제목으로 발표한 바 있는데▪ 아래에 반기련 사이트에 소개된 내용을 인용한다.

▪「주간중앙」1986. 10. 26.

"독실한 불교도였던 예수의 불교식 이름은 이사(ISSA). 그는 13세 때 유대법에 따라 가장권(家長權)을 갖고 결혼을 해야 할 입장에 처한다. 당시 소년들 가운데 유난히 준수한 '이사'를 사위로 삼고 싶어 하는 어느 부호의 끈질긴 요구가 있자, 그는 비밀리에 인도 상인을 따라 인도 지역으로 떠났다. 이사는 14세 때 아리아인들 속에 정착, 힌두교 거장들에게 베다, 우파니샤드 등을 공부하나, 4성 계급을 주장하는 브라만교에 실망을 느끼고 '이사'는 만인의 해탈 가능성과 평등 사상을 부르짖는 불교에 매료돼 불교도들 틈에 들어가 부다가야, 녹야원, 베나레스 등지에서 6년간 불교의 교리를 배우며 수도 생활을 한다.

'이사'의 불교 공부는 캐시미르를 거쳐 라닥크의 레에서 팔리어, 산스크리트어를 배우며, 이어 티벳에서는 그곳 밀교계 고승 맹그스테에게서 기적을 일으키는 비법과 심령 치료 비방 등을 집중적으로 익혔다. 불교의 고승인 이사 대사(大師)의 이스라엘 귀국은 페르시아를 거쳐 불교의 복음을 전파하기 위해 29세 때 이루어진다. 이사는 이스라엘로 돌아와 불교의 가르침을 몸소 실천(간음한 여인의 예)하며 새로운 민중의 희망으로 부상하게 된다."▪

이런 주장은 홀거 케르스텐의『인도에서 예수의 생애』, 엘리자베스. C. 프로펫트의『예수의 잃어버린 세월』, 민희식의『법화경과 신약성서』등에 나오는 내용에 근거한 것이다. 예수의 인도행에 관한 원 자료는 러시아 언론인 노토비치(Nicholas Notovich)가 1887년 인도 여행 중 라닥의 수도 레에서 25마일 떨어진 히미스(Himis) 대사원에서 라마승 주지로부터 예수의 가르침을 기록한 문서의 사본을 소개 받고, 이를 번역한 것이『예수의 알려지지 않은 생애』(1894)라는 책이다. 놀랍게도 '예수가 13세부터 29세까지 부처의 법을 연구하기 위해 인도에 갔다가 29세 때에 팔레스타인으로 돌아와 3년 동안 가르치다가 빌라도에 의해 처형되었다'는 내용을 담고 있는 이 책은 여러 나라 말로 번역되었고, 많은 반론이 제기되었으나 엘리자베스 프로벳이 다시 편집하여 1984년 출판 것이 우리말로 번역된 것이다.■

■ http://www.antichrist.or.kr/bbs/board.php?bo_table=yy&wr_id=10
■ E. C. Prophet(1987), 황보석 역,『예수의 잃어버린 세월: 예수는 13세부터 29세까지 어디에 있었나』(서울: 동국출판사), 172-213.

2. 『이사전』의 주요 내용

노토비치가 전한 『성 이사전』(*The Life of Saint Issa*)은 세 부분으로 나눌 수 있다. 첫째 부분은 1장에서 4장 중반부까지로, 1장의 간단한 서론에 이어 2-3장에는 이스라엘의 역사 중 이집트의 노예 생활과 모사(Mossa) 즉 모세에 의한 히브리인들의 해방을 다루고 이어서 유대인들이 로마의 통치 하에 편입된 것을 기술한다. 그리고 불멸의 영혼, 영원한 존재이신 "신께서 인간의 몸을 빌어 신과 일체가 되는 길과 불멸의 행복에 이르는 길을 보여 주기 위해"(4:3), "인간의 몸을 빌려 태어나셨다"(4:1)고 예수의 탄생을 전한다.■

둘째 부분은 4장 나머지에서 8장까지로, '잃어버린 생애'로 알려진 13세부터 29세까지 그는 인도와 히말라야에서 공부를 했다고 적혀 있다. 이사(Issa) 즉 예수라는 이름을 받은 하나님의 아들이 열세 살 때에 이스라엘의 관습에 따라 아내를 맞이해야 할 즈음 아버지의 집을 은밀히 빠져나와 예루살

■ 허호익, 프로펫의 『예수의 잃어버린 세월』에 나타난 예수의 인도행 반박, 「현대종교」 2007년 10월호, 133-139.

렘 상인들과 함께 신드(Sind)로 갔는데, "이는 하느님의 말씀 안에서 스스로 자신을 완전히 하고 대붓다의 법을 연구하기 위함이라"(4:13)고 한다.

이사는 그곳에서 백인 브라만 사제들에게 극진히 환대를 받고 베다를 읽고 이해하는 방법과 기도의 힘으로 병을 치유하는 방법을 배우고 경전을 사람들에게 가르치고 사람의 몸에서 악령을 몰아내기도 하였다(5:4). 그리고 슈드라를 차별하는 브라만과 크샤트리아 계급에게는 "하느님 아버지께서는 그 자녀들에게 아무런 차별을 두지 않으셨다"고 선포했으며 (5:11), 모든 신들을 부정하고 우상을 경배하지 말라고 가르쳤다. 이에 백인 사제들과 전사들이 이사를 죽이려하였고 석가모니의 탄생지인 고타마(Gautamides)로 피신하여 그곳에서 팔리어를 통달하신 후 수트라의 경전을 연구하기 시작하여 6년 후에 "붓다의 성스러운 말씀을 전파하도록 선택되어 완전히 도통"(6:5)하였다. '신성을 받으신 이사'께서는 네팔과 히말라야 산맥 등지를 다니면서 '인간의 눈에 보이는 신들을 숭배하는 것을 자연의 법에 어긋난다는 것'을 가르쳤다 고 한다 (6:7).

마지막 부분은 9장에서 14장까지로 팔레스타인에서 그가 전도 활동을 하는 동안 일어났던 사건과 죽음을 밝히고 있다. 이사 나이 29세 때에 팔레스타인으로 돌아와(9:29), 3년 동안 가르치다가(13:1), 빌라도에 의해 "사람들을 선동하여 정권을 뒤덮고 스스로 이스라엘의 왕이 되려 한"(13:11) 죄로 십자가에 처형된다. 그러나 십자가에 달린 이사 즉 "의인께서 의식을 잃고 그 영혼이 몸을 떠나 하나님 안에 거하였다"(14:3)고 한다. 사흘 후에 빌라도는 대중들이 반란을 일으킬까 두려워 이사의 시신을 다른 곳에 묻고자 병사들을 보냈는데 "다음날 사람들이 보매 그의 무덤은 열려 있고 비어 있었다." 즉시 "이 소문이 퍼져 사람들은 하늘의 심판관께서 자기 영혼의 일부가 머물렀던 성자의 시신을 천사들을 보내 데려갔다고 하더라"(14:7)고 적고 있다.

3. 『이사전』은 믿을 만한 자료가 아니다

노토비치에 의하면 예수의 생애와 가르침을 기록한 『성 이사전』은 일정한 제목도 순서도 없이 여러 책에 분산된 내용을 재배열하였는데 모두 14장 244절로 구성한 것이라고 한다. 수기(手記)로 된 원본은 팔리어로 인도에서 기록된 것인데, 네팔을 거쳐 티벳의 하미스 사원에 소장된 것은 티벳어로 번역된 것이라고 한다. 주지승의 증언에 의하면『성 이사전』은 십자가 처형이 있은 지 3, 4년 후 그 사건을 목격했던 유대 상인들이 인도에 와서 전한 목격담을 기초로 해서 쓴 것으로 추정된다.

1894년 10월 옥스퍼드에서 비교문헌학을 연구하던 뮐러(F. Max Müller) 교수는『성 이사전』이 라마교도와 러시아 언론인 노토비치에 의해 조작된 위서(僞書)이며, 예수(이사)가 인도의 히미스에 갔다는 사실도 믿을 수 없다고 반박하였다.『성 이사전』의 저자는 적어도 예수가 인도 등에서 17년간 생활한 행적과 그 후 팔레스타인에서 3년간의 행적을 모두 목격하거나 전해들은 팔리어를 아는 인도 사람이어야 한다. 노토비치는 팔레스타인에서 예수의 처형을 목격한 상인이 인도에 갔다가 그곳에서 17년 동안 활동한 이사에 관해 알고 있는 사람을 만났다는 이야기를 들었다고 한다. 그래서 서기 33년경 예수 처형을 목격한 유대 상인들이 인도에 와서 전해 준 이야

기를 기초해서 쓴 것으로 추정한다. 이에 대해 뮬러 교수는
"이들이 우연히 만나기에는 인도는 너무나 땅 덩어리가 넓
다"(32쪽)고 반박하였다.

아치발드 더글라스라는 여행가는 히미스의 주지를 만난
후 1896년 4월『그리스도의 감추인 생애라는 가상 수기에 관
한 히미스 라마교 주지 스님이야기』라는 책을 펴내었다. 그는
이 책에서 히미스에서 15년동안 주지 스님으로 봉직하고 있
는 라마 스님은 지난 15년 동안 유럽인이 히미스를 방문한 적
이 없고 "더욱이 그는 성자『성 이사전』에 대한 책을 유럽인에
게 보여준 적이 없으며『성 이사전』이라는 책이나 '이사'라는
인물에 대해 들어 본 적도 없다고 밝혔다고 한다.

"나는 중이 된 지 42년째 접어들고 있습니다. 그 동안 잘 알려진
불교 서적과 수기들을 모두 접해보았지만 '이사'라는 이름을 언
급하는 사람조차 들어보지 못했지요. 그리고 그와 같은 인간이
존재하지 않았다는 것이 바로 나의 확고하고 솔직한 심정입니
다. 물론 이 나라에 있는 여러 사원에 계신 대(大)라마께도 문의
해봤지만 그들 역시 '이사'를 언급한 서적이나 사본에 대해서 모

르고 있었습니다."∎

1895년 6월 3일 기사엔 히미스 주지 스님이 질의응답 내용이 기록된 서류에 서명을 하고 더글라스와 그의 통역관 졸단(Shahmwell Joldan)이 보는 앞에서 그의 인감을 찍었다고 한다. 더글라스는 "노토비치가 번역했다고 주장했던 그와 같은 기록이 하미스에 없는 것이 확실해졌고 또 그렇기 때문에 '성실히 옮겨 적었다'라는 그의 주장도 거짓임이 드러났다"(39쪽)고 반박하였다.

그 후에도 그 문서를 보았다는 목격자가 두서너 명 있었지만, 유럽의 거의 모든 언어로 번역된 지 100년이 지났지만 팔리어로 쓰여진 원본이 아직 드러나지 않았기 때문에 『성 이사전』은 대중적인 관심을 끌기는 했지만 그 증거를 확인할 수 없기 때문에 위조로 꾸며낸 픽션으로 인정되고 있다.

∎ E. C. Prophet(1987), 38.

4. 『이사전』과 복음서의 가르침은 전적으로 불일치한다

무엇보다도 『성 이사전』에 등장하는 이사의 가르침은 복음서에 기록된 예수의 가르침과 일치하는 구절이 거의 없는 것으로 밝혀졌다. 영지주의 문서인 「도마복음서」조차도 40% 정도가 복음서의 예수의 가르침과 일치한다는 것과는 크게 대조된다. 복음서에는 선한 사마리아인의 비유나 탕자의 비유 등 비유로 하신 말씀이 아주 많은데 『성 이사전』에는 전무하다. 무엇보다도 예수가 가르침의 주요한 주제라고 알려진 '하나님 아버지' 칭호나 '가난한 자에게 대한 복음'이나 '팔복'의 말씀이나 임박한 '하나님의 나라'에 관한 언급도 전혀 없다.

예수의 생애에 대한 복음서의 기록과도 일치하지 않는다. 예수의 부모나 동정녀 탄생이나, 세례요한이나 제자들에 관한 기록이 전무하다. 예수의 십자가 처형은 전적으로 빌라도의 책임으로 전가한다. 예수를 체포한 이들이 유대인들의 성전 경비대였고 유대인의 재판을 먼저 받았다는 언급이 없다. 예수의 부활에 관한 언급도 전무하다. 예수와 모세 외에는 어떤 인명도 등장하지 않는다.

무엇보다도 『성 이사전』은 영지주의적 성격이 농후하다. 예수의 탄생을 육을 빌려 나타난 가현설로 서술한다. 불멸의 영혼, 영원한 존재이신 "신께서 인간의 몸을 빌려 신과 일체가 되는 길과 불멸의 행복에 이르는 길을 보여 주기 위해"(4:3), "인간의 몸을 빌려 태어나셨다"(4:1)고 한다. 따라서 예수의 죽음과 부활 역시 영지주의적인 설명으로 일관되어 있다. 예수는 십자가에 죽은 것이 아니라 "의식을 잃고 그 영혼이 몸을 떠나 하나님 안에 거하더라"(14:3)고 한다. 부활도 죽은 자의 부활이 아니라 무덤이 비었고, "하늘의 심판관께서 자기 영혼의 일부가 머물렀던 성자의 시신을 천사들을 보내 데려갔다"(14:7)고 적고 있다.

그리고 영지주의의 또 다른 특징인 여성주의적 어록이 많이 등장한다. 여성은 생사의 근원이며, 우주의 어머니요, 신성한 창조의 진리가 그 안에 있으므로, 여자를 찬미하고 경배하며 관대히 대하고, 아내와 어머니를 사랑하라고 가르친다 (12:9-21).

5. 복음서에는 예수가 인도에서 활동한 흔적이 전혀 없다

복음서에는 예수가 인도에서 17년 동안 활동하고 불교에 도통하고 불경(佛經)을 슈드라와 같은 천민에게 전하고 페르시아의 조로아스터교를 비판했다는 주장의 흔적이 전혀 없다. 17년 동안의 경험들을 의식적으로, 무의식적으로 언급한 대목이 전무하다. 1세기에 팔레스타인 청년이 저 멀리 인도까지 가서 부처나 불경(佛經)에 대해 배워왔다면 그 소문은 삽시간에 퍼지기에 족한 사안일 것이다. 그렇다면 예수의 추종자나 적대자들이 이 소문을 전하지 않을 수 없을 것이다.

더군다나 모든 팔레스타인 사람들에게 생소한 팔리어에 능통했다면 그 자체가 굉장한 권위 상징이 될 수 있었을 것이다. 그런데 복음서에는 이에 대한 아무런 흔적도 찾아 볼 수 없다. 복음서에는 예수가 아람어를 일상용어로 사용했지만 희랍어, 히브리어, 라틴어를 조금 사용한 것으로 기록되어 있다. 그러나 팔리어에 대해서는 어떠한 흔적도 없다.

예수의 생애 중 13-29세까지가 미스터리인 것은 사실이다. 그렇다고 해서 예수가 인도가 가서 불교를 배워 도통에 이르렀다는 것은 역사적으로나 정황적으로 그 근거가 전무한 것이다. 저자 프로펫이 노토비치 사후에 전개된 논의들을 모아 막스 뮬러의 비판 대해 반론을 폈지만, 멕도웰과 윌슨은 프로펫의 저서조차도 그 구체적 역사적 증거는 하나도 없다고 반박하였다.■

■ J. McDowell & B. Willson(1991), 『예수님은 실존인물인가』(서울: 생명의 말씀사), 513.

0 4

여 호 와 는 이 방 인 을 적 대 한 배 타 적

민 족 신 인 가 ?

반기독교시민운동연합(반기련) 사이트에는 17,000여명
의 회원 가운데 4,051명이 참여한 '기독교 안티가 된 가장 큰
이유'를 묻는 회원 설문 조사란이 있다. 그 결과를 보면, 안티
가 된 이유에 기독교의 배타성에 대한 반감이 가장 큰 요인으
로 드러난다.

배타성 때문 43%, 인간성 말살 20%, 부조리를 알고서 11.8%,
지도층의 타락 6.6%, 헌금 강요 5%, 세습과 족벌 경영 3.9%, 기타.

그들은 기독교의 배타성이 소수의 몰지각한 기독교인들의 문제가 아니라 성경과 기독교 교리 자체에서 비롯된 것이라고 주장한다.

"단군상을 파괴하고, 불상을 때려 부수고, 절에 불을 지르고, 지하철에서 고성방가를 하는 기독교인들이 끊임없이 사회문제를 야기한다. 물리적인 배타 행위뿐만이 아니라 마귀, 사단, 사탄, 이단, 가라지 등의 아름다운(?) 용어들을 사용해서 끊임없이 타종교와 사상을 짓밟으려고 안간힘을 쓰고 있다. 그런 기독교인들에게 대의명분으로 주어지는 것은 다름 아닌 성경이다. 이방신의 우상을 불살라 버리고, 낫으로 찍어 버리고, 제단을 파괴하라고 성경에 나와 있기 때문이다. 즉, 기독교의 배타성은 바로 성경과 기독교의 교리에서 비롯된 것이다."

반기련 사이트의 [안티바이블]이라는 게시판의 서론 격에 해당하는 "나는 왜 성경을 우롱하는가"라는 글은 2만 2천 명 이상이 접속한 대표적인 글로서 안티 바이블의 요지들이 소개되어 있다. 여기서 구약성서의 여호와를 이방인들에게 배타적인 이스라엘 민족신으로서 '추잡한 잡신'으로 규정하고 있다.

"구약성경을 보라! 당신은 결코 구원이 아니라 율법으로 저주를 퍼붓는 중동 지방의 한 종족의 신을 추종하고 있다는 사실을. 구약 속의 여호와는 이스라엘과 적대 관계에 있는 이방인들에게 추잡하고 저질스러운 저주를 퍼붓는 고대 이스라엘의 추잡한 잡신일 뿐이다."

물론 일부기독교인들의 배타적이고 공격적인 전도 방식은 자제해야 할 것이다. 그러나 성서를 바르게 이해하려면 성서의 본문이 그 당시에는 무엇을 의미했는지를 제대로 살펴보아야 한다. 오늘날의 잣대를 기준으로 일방적으로 해석할 것이 아니라 그 당시의 역사적 상황에 비추어 그리고 그렇게 했던 의미를 파악하면서 해석하여야 한다.

이집트를 탈출한 노예 집단에 불과했던 이스라엘 민족은 그 당시 볼품없는 약소민족이었기 때문에 주변의 여러 국가로부터 수시로 침략을 당하고 약탈을 당하였다는 사실을 간과해서는 안 된다. 이집트에서 400년간의 노예살이에서 해방되어

겨우 나라를 세웠으나 바벨론의 침략을 받아 예루살렘 성전은 무너지고 바벨론으로 포로로 잡혀갔고 그 후에는 희랍에 이어 로마의 식민지 지배를 받아 왔다. 안티 기독교인들이 주장하는 것처럼 이스라엘이 주변의 이방인들에게 배타적으로 침략한 것 보다는 그들이 침략당하고 배척된 사례가 훨씬 많다는 점을 인정해야 한다.

이스라엘 백성이 출애굽 후 가나안 땅에 들어갈 때 이방 민족들이 이스라엘을 유혹하여 우상을 섬기게 하는 경우를 막기 위해 그 대적자들을 진멸하도록 가르친 것은 사실이다. 그러나 이 진멸법을 하나님의 진노를 가시적으로 나타내는 거룩한 전쟁을 의미한다. 그리고 이 진멸법은 약소국가가 계속되는 침략을 차단하기 위해 불가피하게 선택한 자위 수단이었다는 점도 인정해야 한다.

동서고금을 막론하고 모든 전쟁은 약탈전이었다. 지금도 다를 바 없지만 고대 사회에도 전쟁은 영토 확장이나 재산의 약탈이나 남녀 노예의 포로를 목적으로 수행되었다. 어떤 명분을 앞세우든 전쟁은 실제로는 전리품을 차지하기 위하여 약소국가를 침략하는 약탈전이었다.

그러나 성서에서 신이 인간에게 명한 거룩한 전쟁관은 이러한 약탈을 위한 침략전과는 전적으로 다르다. 전쟁은 이스라엘을 불신으로 유혹하는 불의한 세력에 대한 하나님의 징계와 심판의 거룩한 도구로 여겼다. 우상을 숭배하는 불신앙적인 불의한 세력을 완전히 진멸함으로써 하나님의 심판을 극명하게 드러내는 것이다. 그러한 의미에서 야웨는 전사(戰士, 출 15:3, 사 42:13)로, 그들의 전쟁은 야웨의 성전(聖戰, 민 21:14f, 삼상 18:17, 25:28, 출 17:16)으로 여겨졌다. 이러한 거룩한 전쟁의 목적은 하나님의 진노에 따른 진멸이기 때문에 이스라엘 백성이 이 거룩한 전쟁에 나아갈 때는 일체의 약탈과 포로 행위를 근절시킨 것이다.

구약성서는 실제로 거룩한 전쟁에 나아간 이스라엘 백성들이 약탈의 유혹을 받은 사례를 기록하고 있다.

선지자 사무엘은 아멜렉과의 거룩한 전쟁에 나아가는 사울왕에게 사무엘은 사울이 아멜렉과 전투를 하기 전에 이 진멸법을 지킬 것을 명하였다(삼상 15:18). 여호와가 세운 왕이므로 여호와의 명령을 따라야 한다는 것이었다. 그러나 이 진멸법은 목숨을 걸고 전쟁에 나간 사울의 군인들에게는 여간

불만스러운 게 아니었다. 전리품과 노예를 챙기는 재미도 없는데 왜 목숨을 걸고 전쟁에 나가겠는가? 그래서 묘한 꾀를 내었다. 아멜렉을 쳐부순 다음 전리품을 챙기고 돌아와서는 사무엘에게 "당신의 하나님 여호와께 제사하려 하여 양과 소의 가장 좋은 것을 남김이요, 그 외의 것은 우리가 진멸하였나이다"(삼상 15:15)라고 보고하였다. 사무엘은 이 일에 대하여 사울을 엄하게 책망한다. "어찌하여 왕이 여호와의 목소리를 청종치 아니하고 탈취하기에만 급하여 여호와의 악하게 여기시는 것을 행하였나이까?"(삼상 15:19). 사무엘은 "여호와께 순종이 제사보다 낫고 듣는 것이 숫양의 기름보다 낫다"(삼상 15:22)는 저 유명한 말씀을 선언하였다.

진멸법이 잔인한 것처럼 보이지만, 영토를 확장하고 전리품을 챙기고 노예를 확보하기 위한 약탈전을 전적으로 금지하는 전향적인 의미가 있다. 이는 또한 영토 확장과 약탈을 위해 전쟁만 일삼는 고대의 통치자의 상투적인 형태에 대한 예방책이기도 하였다. 주변의 강대국과는 달리 이스라엘 백성들은 절대로 영토를 확장하고 포로와 전리품을 약탈하기 위한 침략전쟁을 해서는 안 된다는 깊은 뜻이 담겨 있다. 따라서 안티 기독교인들은 이러한 역사적 배경과 성서의 깊은 뜻을 바로 이해했으면 좋겠다.

0 5

성 경 은 주 변 국 들 의 신 화 를 모 방 한 것 인 가 ?

반기독교시민운동연합 사이트의 또 다른 반기독교적인 논지 중 하나는 "성경 속의 신화는 철저히 주변국들의 신화를 모방한 것들뿐이다"라는 주장이 있다.

"성경 속의 신화는 철저히 주변국들의 신화를 모방한 것들뿐이다. 천지 창조, 노아의 방주, 바벨탑, 아브라함, 모세의 출생, 욥기, 잠언 등 모두 다 바빌론의 유수 때 유대인들이 수메르 신화와 주변국들의 신화를 모방했을 뿐이다."

기원전 7세기에 건립 된 니네베의 아슈르바니팔 왕궁 서고(書庫)에서 출토된 12개의 점토서판(粘土書板)을 1862년에 영국의 조지 스미스가 번역하여 발표한 『길가메시 서사시』에는 흙으로 인간을 창조했다는 것과 홍수에서 살아남은 우트나피슈팀(Utnapishtim)가 전해주는 대홍수 이야기가 담겨 있다. 그 이전까지만 해도 흙으로 인간을 창조한 이야기와 홍수 설화는 성경의 고유한 가르침인 것으로 알던 사람들에게는 큰 충격이 아닐 수 없었다. 그래서 성경의 창조 설화나 홍수 설화는 바벨론 신화를 모방한 것이라는 주장이 나오게 된 것이다. 이러한 논쟁은 바벨(Babel)-바이블(Bible) 논쟁이라고 한다. 그러나 『길가메시 서사시』와 창세기를 자세히 비교 분석해 보면 둘 사이의 형식적 유사성이 있지만 본질적 메시지는 전혀 다르다는 사실을 알 수 있다.

인간이 흙으로 창조되었다는 것은 동·서양을 막론하고 널리 퍼져 있는 인간 창조 설화의 평균적인 의식이다. 중국의 창조 설화인 '여와설화'에도 흙으로 인간을 빚었다는 기록이 나온다. 흙으로 인간을 빚었다는 신화는 주로 토기를 빚어 생활한 신석기시대의 문화적 배경에서 비롯된 것이라고 한다.

흙에다 무엇을 섞어서 인간을 만들었는가 하는 문제는 인간의 본질에 대한 독특한 신앙과 사상을 반영한다. 그리스신화에도 프로메테우스가 흙과 물로 인간을 만들었다는 내용이 나온다. 신체의 70% 이상이 물이라는 특징을 반영한 것이라고 해석할 수 있다. 이에 비해 바벨론의 창조 신화는 놀랍게도 흙과 더불어 반역한 신의 피를 섞어 인간이 창조되었다고 전한다.

『길가메쉬 서사시』에 따르면 이기기(Igigi)라는 하급 신들은 강제 노동에 시달리다 못해 어느 날 밤늦게 바람의 신 엔릴(Enlil) 집 앞에서 연장을 태우고 항의를 하였다. 엔릴은 하늘의 신 안(An 또는 Anu)에게 의논하였고, 안은 신들의 여왕 벨레트-일리에게 인간을 창조하기로 협의한다. 그리하여 산파 신인 닌투로 하여금 반역을 주도한 하급 신들의 우두머리 웨일라를 죽이고, 그 살과 피와 흙을 섞어 인간을 만들고 인간에게 하급 신의 노동을 대신 담당하게 하였다는 것이다.

"그녀(벨레트-일리)가 인간적인 사람을 만들어서 그 사람이 이 멍에를 지게 합시다. 그가 멍에를 지고, 신들의 노역을 맡게 합시다. … 그들의 모임에서 지능이 있는 신 웨일라(We-ila)를

잡아 죽였다. 닌투는 그의 살과 피에 찰흙을 섞었다. … 그녀는
열네 개의 찰흙 덩어리를 떼어 냈다. … 일곱으로 남자를 만들고
일곱으로 여자를 만들었다."

또 다른 바벨론 신화인 『에누마 엘리시』에도 반역자의 피
로 인간이 만들었다는 이야기가 등장한다. 신들 사이에 전쟁
이 일어났으며, 신들의 왕 마르둑은 싸움을 시작한 신을 데려
오게 하였고, 그 때에 지혜의 신 에아가 반역을 주도한 신들의
어머니 티아맛의 아들 킨구를 죽이고 그 피로 인간을 만든 다
음 하급 신들을 대신하여 인간들에게 강제노동을 시켰다고 한
다. 이처럼 같은 바벨론 신화인 『길가메쉬 서사시』와 『에누마
엘리시』에는 흙을 매개로 인간을 창조한 목적과 방식은 같으
나 인간을 창조한 신이 다르고 인간 창조의 목적도 전적으로
다르다.

그러나 성서는 다르다. 인간이 단순히 흙으로 된 존재도 아
니며, 아무런 의미도 없는 물이나 심지어 반역자의 피로 만들
어진 존재는 더더욱 아니다. 인간은 흙으로 빚어진 다음, 그
코에 하나님이 그의 생기(nsama, 생명의 숨)를 불어넣음으로

써 인간은 비로소 생령(living spirit), 하나의 영적 생명체가 된 것이라고 한다. 바벨론의 창조 신화와 비교해 볼 때 인간 창조의 목적도 판이하다. 바벨론 신화에서는 다른 인종이나 전쟁 포로들을 잡아다가 강제노동을 시키고 그것을 합리화하기 위해 인간은 하급 신들의 노동을 대신하기 위해 반역자의 피로 창조되었다는 신화를 신전에서 축제일마다 낭독한 것이다. 그러나 성서는 인간이 '하급 신들의 강제 노동'을 대신하기 위하여 반역자의 피로 창조된 것이 아니라, '하나님의 참된 안식'에 참여시키기 위해 하나님의 생기로 창조된 것이라고 한다. 인간에게 복을 주사 생육하고 번성하도록 창조한 것이다. 인간 창조의 목적 자체가 이처럼 판이하다.

그리고 대홍수 이야기 역시 거의 모든 민족 신화에 등장하는 것으로 알려져 있다. 기원전 2700년경 메소포타미아 도시 국가 우루크(Uruk)의 왕이었던 길가메쉬가 영생을 얻기 위해 천신만고 끝에 불로초 생명의 나무를 얻었으나 방심하는 순간에 뱀에게 빼앗기고 슬픔에 싸이게 된다. 마침 인간이었다가 신이 된 우트나피쉬팀(Utnapishtim)을 만나게 되자 그에게 어떻게 하여 신들의 무리에 끼어서 영원한 생명을 얻게 되었는지 알려 달라고 간청한다. 이에 우트나피쉬팀이 홍수에 살아남은 이야기를 길가메쉬에게 들려준 것이 『길가메쉬 서사시』로 기록된 바벨론 홍수 이야기이다.

두 홍수 이야기의 목적 역시 판이하다. 바벨론 홍수의 목적은 오래된 옛 도시를 파괴하기 위해 신들이 홍수를 계획하고 자기가 편애하는 인간에게 몰래 이 사실을 알려 주고 그래서 홍수에서 살아남은 자만이 신이 되었다는 이야기이다. 반면에 성서의 홍수 이야기의 메시지는 분명하다. 바벨론의 도시 문명의 죄악상과 무법천지의 살육으로 붕괴된 창조의 질서를 바로잡기 위하여 홍수의 심판을 결행하신 것이다. 그리고 의로운 노아와의 영원하고 무조건적인 새 계약을 통해 죄악으로 가득 찬 무법천지를 종식시키고, 모든 생명이 다시는 피 흘림이 없이 생육하고 번성할 수 있는 새 역사를 펼쳐 나갈 것을 명하신 것이다.

무엇보다도 바벨론 신화의 다신론적 구조와 창세기의 유일신론을 결정적이 차이가 아닐 수 없다. 고대근동 지역의 평균적 신관은 G. H. 리빙스턴의 분석처럼 '신적인 것, 자연적인 것, 인간적인 것' 사이의 경계가 모호하다는 것이 가장 큰 특징이다.

그리고 바벨론 신화에는 신들이 기원하게 된 이야기와 신들 사이에는 가계와 계보와 계급이 있고 신들이 서로 죽이고 죽기도 한다. 그러나 창세기의 야웨 하나님은 유일하신 분이며 스스로 존재하는 분으로 그 기원이 없다. 야웨만이 유일한 신이므로 다른 어떤 신들도 등장하지 않는다. 다신론적 바벨론 신화가 신으로 여긴 자연현상이나 반신반인이 등장하지 않는다. '반기련'이 주장하는 것과 달리 바벨론 신화와 창세기는 그 형식적 외적 유사성 보다 본질적 내용적 차이점이 너무나 크기 때문에 단순한 모방의 차원을 훨씬 넘어서는 전혀 다른 신관, 인간관, 세계관을 고백한 것이라는 사실을 분명히 알아야 할 것이다.

06

성경은 고대인의 관점을 벗어나지 못한
낡은 책인가?

반기독교시민운동연합 사이트의 또 다른 반기독교적인 논지 중 하나는 '성경은 비과학적이고 고대인의 관점을 벗어나지 못한 낡은 책'이라는 주장도 담고 있다.

"성경은 과학적인가? 아니다. 성경은 철저히 고대 관념적이다. 지구를 만들고 난 후에, 태양과 달, 별을 만들었다고 말하는 고대인의 관점을 조금도 벗어나지 못한 낡은 책일 뿐이다. 그리고도 성경이 진리라고 말하는 것인가? 그럼에도 불구하고, 철저히 세뇌 당한 성경의 창세기를 과학으로 증명해 보이겠다고 창조과학

회까지 조직했다. 성경 자체가 비과학적임은 두말할 나위가 없거니와, 성경의 기초적 신학적 지식이 전무한 광신자들의 추태라고 할 수 있겠다."

엄격하게 말하면 성경은 과학책이나 역사책은 아니다. 성경은 1000여 년에 걸쳐 40여 명의 성서 기자들이 하나님께로부터 영감을 받아 기록한 다양한 장르의 책들을 모은 것이다. 성경 안에는 역사서 외에도 율법서, 예언문학, 시가문학, 복음서, 묵시문학 등이 포함되어 있다. 성서가 성령의 영감을 통해 기록되었지만 인간의 기록이므로 과학과 역사에 대해서는 부분적으로 오류가 발견된다는 사실을 칼빈은 과감하게 인정하였다.

첫째, 성서의 표현이 과학적 사실과 상치되는 것도 있다고 하였다. 창세기 1장 16절에는 해와 달을 두 개의 큰 광명체라고 하였지만, 천문학자들은 "토성이 멀리 떨어져 있어서 모든 것 가운데 가장 작게 보이지만 달보다 더 크다는 사실이 입증되었다"고 하였다. 성서 기자인 모세는 이런 과학적인 사실을 알고 있었으며, 다만 그 시대 사람들의 인식 능력에 맞게 설명했을 뿐이라고 한다.

둘째, 숫자, 지명, 인명이 서로 다른 것을 인정했다. 예를 들면 야곱의 가족 중 애굽에 들어간 인원에 대해 모세는 70명 (창 46:26; 신 10:22), 스데반은 75명(행 7:14)으로 서로 다르게 기록하였다. 그러나 이 문제에 대해 "나는 이 차이는 필사자들로 인한 오류에 의해 생겼다고 결론을 내린다"고 하였다.

셋째, 역사적 문헌과 상치되는 것도 있다고 하였다. 사도행전 4장 5절 강해에서 "누가가 여기서 안나스를 대제사장으로 보는 것은 이상하다. 왜냐하면 요세푸스의 글을 보면 빌라도가 로마로 소환된 후 비텔리우스가 지휘관이 되어 예루살렘으로 들어오기까지는 가야바가 이 직임을 잃지 않은 것이 분명하기 때문이다"고 하였다. 칼빈은 역사가인 요세푸스의 기록을 성서 기자인 누가의 기록보다 더 신뢰하고 있으며 누가의 기록에 대해 의문을 제기하고 있다.

넷째, 구약의 인용이 명백히 잘못된 곳도 지적하였다. 고린도전서 2장 9절에 인용한 내용과 구약 본문인 이사야 64장 4절을 비교해 보면 그 인용이 정확하지 않다는 것이다. 구약에 없는 "예정하신 모든 것"이 삽입되어 있기 때문이다. 이 경우는 그 오류가 사소한 것이라고 말한다.

칼빈은 이처럼 사본과 필사의 오류를 인정하였으나, "글자 한 자 달라진 것을 오래 말하기보다 성령이 말하는 이적의 무게를 더 말해야 할 것"이라고 하였다. 신적 기원을 가진 성경이 문자적 오류 때문에 손상을 받지 않으며, "하늘의 지고한 신비가 대부분 비천한 말로 표현된 것은 하나님의 특별한 섭리가 없이는 불가능한 일"이라고 하였다. 그러나 칼빈은 낱말 하나하나보다 성경 전체가 말하는 '신앙과 행위에 관한 교리'가 더 중요하다고 보았으며, 성서 원본의 사소한 오류를 인정하였지만 성서의 중요한 교리 문제에 대해서는 그 오류를 인정하지 않았다. 성경은 하나님의 말씀으로 '신앙과 행위에 대하여 정확무오한 유일한 법칙'이지만 과학과 역사에 대해서는 부분적 오류가 있을 수 있다는 점을 부인할 수 없다. 성경은 하나님을 말씀을 영감으로 받아 인간의 언어로 기록한 책이기 때문에 과학적인 사실이나 역사적 사건에 관한한 고대인의 관점에서 벗어나기 어려운 것은 사실이다. 그렇다고 성경의 핵심적인 주장이 낡은 것은 아니다. 여전히 시대에 앞서는 가르침이기 때문이다.

하나님께서 천지를 창조하셨다는 창세기의 기록을 단지 역사적인 관점이나 과학적인 관점에서 보아서는 안 된다. 새로운 세계관이요 전향적 신앙고백이라는 관점에서 보아야 한다. 그 당시의 사람들은 모두 자연을 숭배하고 왕을 신으로 섬겼다. 이집트 신화에는 해, 달, 별과 같은 주요한 자연현상뿐 아니라 인간을 위협하는 파리나 메뚜기 떼도 신으로 숭배되었다. 왕이나 영웅호걸은 물론 난쟁이처럼 특이한 인간들도 신으로 여겨졌다. 바벨론 신화에는 걸프만으로 흘러들어가는 짠물(Tiamat)과 단물(Apsu)이 신들의 어머니와 아버지로 등장한다.(중복 58쪽 참조) 이처럼 고대 근동 지역의 세계관은 G. H. 리빙스턴의 분석처럼 '신적인 것, 자연적인 것, 인간적인 것' 사이의 경계가 모호하였다. 이런 배경에서 보면 하나님이 천지와 인간을 창조했다는 고백은 창조주와 피조물 사이의 무한한 질적 차이가 있음을 선포한 것이다. 다시 말하면 하나님이 창조주이므로 하나님 이외에 존재하는 모든 것은 한갓 피조물에 불과하다. 그러므로 하나님의 피조물인 자연이나 인간을 더 이상 하나님처럼 두려워하거나 숭배할 필요가 없다는 혁명적 세계관을 선포한 것이다. 하비 콕스가 말한 '자연의 비신성화요 비마성화'를 선포한 것이다. 이러한 유일신에 대한 창조신앙으로 인해 인류는 비로소 자연현상에 대한 두려움에서 해방된 것이다. 그리고 왕을 신으로 숭배하도록 강요한 오랜 억압에서 해방된 것이다.

인간을 하나님의 형상으로 창조 했다는 것도 그 시대적 배경에서는 너무나 혁명적인 생각이고 여전이 이 시대에서도 앞선 생각이 아닐 수 없다. '신의 형상'(Imago Dei)이란 말은 중국의 천자(天子)나 일본의 천황(天皇)처럼 고대 이집트에서는 왕에게만 부여된 칭호였다. 이집트 제 4왕조(B.C. 2600-2450경) 때부터 왕은 태어나면서부터 신의 아들로 임명되고, 즉위함으로써 신성을 획득하고, 죽는 순간 완전한 신이 된다고 믿었다. 이처럼 왕만이 신의 형상을 지닌다. 당시의 신의 형상이라는 말은 "신의 통치를 대리하는 자이며, 동시에 신의 영광을 반사하는 자"를 의미한 것이다. 절대군주국가의 왕들은 신처럼 영광을 누리며 다른 인간들을 종으로 지배한 것이다. 그러나 성서는 이러한 반민주적이고 불평등한 인간 창조 신화를 모두 거부한다. 왕만이 아니라 모든 인간, 심지어 남자뿐 아니라 여자도 '하나님의 형상'으로 창조되었다고 선포한 것이다.

왕만을 천자나 천황이라 주장하는 사람들에게 모든 남녀가 천자요 천황으로 존엄하고 평등하게 창조되었다는 혁명적인 인간관을 고백한 것이다. 모든 인간이 하나님의 형상을 지닌 존엄함고 평등한 존재로 창조되었다는 창세기의 가르침은 인권유린과 인종차별의 불평등이 사라지지 않고 있는 우리 시대에도 새롭게 선포되어야할 소식이 아닐 수 없다.

창세기는 이처럼 신과 인간과 자연 사이가 확연히 구분되는 생명의 새로운 질서가 창조된 것을 고백한다. 생명의 새 질서의 주관자이신 창조주 하나님을 믿고 의지하는 신앙을 통해 생명의 새로운 질서를 보전할 때 생명의 영원한 가치가 주어진다는 것이 창세기의 핵심적인 신앙고백인 것이다. 이러한 창조 신앙은 당시의 고대인의 관점에서 기록한 것이긴 하지만, 그 당시의 평균적인 세계관에 비추어 보면 신관, 인간관, 자연관에 있어서 가장 앞선 생각이었고 지금도 여전히 앞선 생각이므로 성경은 결코 낡은 책이 아닌 것이다.

0 7

성 경 은 근 친 상 간 이 나 오 는 비 윤 리 적 인

책 인 가 ?

반기독교시민운동연합의 또 다른 주장은 성경은 비윤리적
인 책이라는 것이다. 성경에는 근친상간 등 온갖 추잡한 것들
로 얼룩져 있다고 주장한다.

창세기 38장에 유다와 다말의 근친상간 이야기가 나오는
것이 사실이다. 성경은 유대인의 선조 유다가 사실은 그의 며
느리와 불륜을 저질렀고, 유대인들이 불륜을 통해 태어난 후
손이라는 사실을 그대로 숨김없이 적고 있다. 유대인들이 다
윗의 후손이라는 자랑의 근거로 내세우는 다윗 왕도 부하 장

군의 아내와 불륜을 저질렀는데 이 사건도 성경에 그대로 기록되어 있다. 심지어 마태복음의 족보에는 유다와 다말에게서 태어난 베레스와 세라의 후손이요, 다윗이 밧세바를 아내로 맞이한 후 이들 사이에서 태어난 솔로몬의 후손이 바로 예수 그리스도라는 사실을 오히려 강조한다.

이처럼 성경에는 인간의 모든 범죄가 적나라하게 숨김없이 기록되어 있다. 최초의 인류 아담과 하와(이브)의 범죄뿐만 아니라 가인이 아벨을 죽인 사건과 베드로의 예수 부인과 회개, 유다의 예수 배반과 자살 등 범죄로 얼룩진 역사가 가감 없이 드러난다. 그래서 중국의 문필가 임어당이나 영국의 철학자 버트런트 러셀은 성경은 동양 여러 종교의 경전과 비교해볼 때에 격이 낮은 경전이라고 폄하하였다. 동양의 경전과 달리 성경은 인간의 구체적인 삶을 미화하고 이상적인 모습만을 제시하지 않는다. 성경이 거룩한 책인 것은 그 책의 줄거리가 모두 거룩하기 때문이 아니라, 오히려 역설적으로 인간의 죄악상을 솔직히 드러냄으로써 '죄를 죄로 인정하지 않는 것이 죄'라는 사실을 교훈하기 때문이다. 그리고 죄를 지었음에도 불구하고 하나님의 말씀을 듣고 회개하면 새 사람이 된다는 거룩한 구원의 역사를 서술하고 있다. 성경은 베드로의 경우처럼 선생 예수를 배반하였지만 회개하여 수제자의 길을 걷든지, 아니면 유다처럼 배반하였지만 회개하지 않고 스스로 파멸의 길을 가든지 두 가지 중 하나를 선택하도록 제시한다.

유다와 다말의 근친상간이 기록되어 있다고 해서 성경이 근친상간을 정당화하는 비윤리적인 책이라 주장하는 것은 성경에 대한 이만저만한 곡해가 아니다. 유다와 다말의 이야기는 오히려 혈통을 자랑하고 민족적 우월감에 도취된 유대인들에게 그들이 근친상간의 후손임에서 불구하고, 하나님의 구원의 역사에 한 범례적 도구로 사용되었다는 것을 보여준다. 구약은 근친상간을 정당화하는 비윤리적인 책인가? 절대 그렇지 않다. 십계명에는 '간음하지 말라'고 가르치고 있으며, 레위기 20장 10-17절(16:1-8 참조) 등에서 알 수 있듯이 간음과 수간과 근친상간 같은 성 문제에 관해서 엄격한 윤리를 강조한다.

"누구든지 남의 아내와 간음하는 자 곧 그 이웃의 아내와 간음하는 자는 그 간부와 음부를 반드시 죽일지니라. … 남자가 짐승과 교합하면 반드시 죽이고 너희는 그 짐승도 죽일 것이며 여자가 짐승에게 가까이 하여 교합하거든 너는 여자와 짐승을 죽이되 이들을 반드시 죽일지니 그 피가 자기에게 돌아가리라. 누구든 지 그 자매 곧 아비의 딸이나 어미의 딸을 취하여 그 여자의 하체 를 보고 여자는 그 남자의 하체를 보면 부끄러운 일이라 그 민족 앞에서 그들이 끊어질지니 그가 그 자매의 하체를 범하였은즉 그 죄를 당하리라"

구약성서 시대의 히타이트 율법을 비롯한 가나안 종교는 신전 매음과 통간뿐만 아니라 수간(獸姦), 근친상간, 동성애 같은 것마저 허용하였다. 그러나 성서의 율법은 성적 순결과 성적 윤리에 있어서 당시의 주변국보다 훨씬 기준이 높았다. 신약성서에 와서 이러한 성적 윤리가 더욱 높은 차원으로 승화된다. 예수가 마음으로 '음욕을 품는 것마저 간음'(마 5:28) 이라고 규정하였던 것도 이런 배경 하에서 이해되어야 한다.

성경은 다윗 왕이 우리아의 아내 밧세바를 범하고 그 남편 을 청부 살해했을 때 그의 불륜을 묵과하지 않았다. 다윗이 측 근이었던 선지자 나단은 왕의 범죄 사실을 지혜롭게 지적하였고, 다윗은 그 자리에서 자신의 죄를 고백하고 뉘우쳤다. "내가 야웨께 죄를 지었다"(삼하 12:13). 다윗은 자신의 참담한 심정을 이렇게 뉘우치며 탄식하였다.

"하느님, 선한이여, 나를 불쌍히 여기소서. 어지신 분이여, 내 죄를 없애 주소서. 허물을 말끔히 씻어 주시고 못을 깨끗이 없애 주소서. … 정화수를 나에게 뿌리소서, 이 몸이 깨끗해지리이다"(시 51:1-14. 공동번역).

사실 당시 이스라엘 주변국인 이집트의 절대군주나 가나안 여섯 부족의 봉건군주들에게는 불륜에 대해 이처럼 엄격한 윤리의식과 죄의식이 없었다. 당시의 군왕들은 처첩을 당연한 것으로 여겼다. 왕이 부하의 아내를 취하였다고 이를 범죄로 여기고 탄식하는 일 따위는 없었다. 다윗은 당시의 모든 제왕(帝王) 중에 가장 높은 수준의 윤리의식을 가진 자로 등장한다. 다윗은 자신이 저지른 불륜을 군왕이라면 능히 할 수 있는 특권으로 합리화하지 않는다. 자신의 잘못을 지적하는 나단을 면박하지도 않았다. 결과적으로 자신을 유혹하게 된 밧세

바에게도 책임을 전가하지 않았다. 그는 자신의 내면 깊이 존재하는 원죄와 같은 죄성에 대하여 밤마다 침상을 눈물로 적시며(시 6:6) 뉘우치고, 온종일 신음 속에 뼈가 녹고 진액이 다 말라빠지도록(시 32:3) 탄식하였다. 그리하여 그는 비로소 인간이 자신의 잘못을 진정으로 회개할 때 용서하여 주시는 '구원의 하나님'(시 51: 4)을 만나게 되고 그의 순결함을 새롭게 회복한 것이다. 다윗의 참된 용기는 골리앗을 물리친 전쟁터가 아니라 자신의 죄를 시인하고 탄식하며 눈물로 적신 침상에서 발휘되었다. 진정한 용기는 자신의 죄를 인정하는 용기이며, 참으로 '큰 죄는 죄를 죄로 느끼지 못하는 것이 죄'라는 사실을 자신의 체험을 통해 증언하고 있다. 다윗은 회개를 통해 구원의 진정한 의미를 깨닫고 새로운 심령을 얻어 새 사람이 된 위대한 신앙인의 전형이 된 것이다. 이로 인해 그는 신약 시대의 세례 요한과 예수의 회개 운동의 선구자가 된다.

반면에 다윗의 아들 솔로몬의 경우, 영토를 유지하기 위하여 정략적인 결혼 동맹이 필요했지만, 솔로몬 자신이 호색하여(왕상 11:2) '700명의 아내와 300명의 첩'을 두었고, 이들 이방 여인들의 지참금을 챙겼다(왕상 3:1, 9:16). 이는 이스라엘의 왕은 다른 나라의 왕과는 달리 후궁을 많이 두어서는 안 된다(신 17:17)는 왕의 금령을 어긴 것이다. 이처럼 성문제에 있어서도 성경은 다윗의 순결함과 솔로몬의 호색함이 대비되어 나타난다. 그리고 성경은 이 둘을 대비하여 어느 길을 택할 것인지에 대해 결단을 요청한다.

성경에 유다의 근친상간을 기록하였다 해서 그것을 본받으라는 뜻이 결코 아니듯이 다윗의 불륜과 솔로몬의 호색함이 나온다 해서 성경이 비윤리적이라고 주장할 수 없는 것이다. 성경은 오히려 그러한 근친상간과 불륜과 호색을 쫓지 말라고 그러한 비윤리적인 내용을 가감 없이 적나라하게 기록한 것이다.

0 8

성경은 여성을 차별하고 비하하는가?

반기독교시민운동연합 사이트의 [안티바이블]이라는 게시판에 "나는 왜 성경을 우롱하는가"라는 글에는 성경 속에서 바라보는 윤리에 대하여 의문을 제기하며, 성경에는 여성 비하와 성차별의 사악한 것들이 함께 공존한다고 주장한다.

"물론 성경에는 고린도전서 13장의 사랑에 대한 이야기같이 훌륭한 구절도 있음은 사실이다. 그러나 고린도전서의 한쪽 편에는 여성을 비하하는 구절도 함께 공존한다. 성경에는 훌륭한 말씀과 함께, 한쪽 구석에는 배타성과 인종 차별, 성차별 등과 수많은 사악한 것들이 함께 공존한다. 목사들은 그 중에서 그럴듯한 구절들만을 끄집어내서 설교를 할 뿐이다."

이들의 주장처럼 성경은 과연 여성을 비하하고 성차별을 정당화하고 있는가? 이런 주장을 하는 이들은 바울이 "남자가 여자를 위하여 지음을 받지 아니하고 여자가 남자를 위하여 지음을 받은 것"이라고 한 성경을 그 증거로 제시한다. 그러나 그 다음 구절에서 "그러나 주 안에는 남자 없이 여자만 있지 않고 여자 없이 남자만 있지 아니 하니라 여자가 남자에게서 난 것같이 남자도 여자로 말미암아 났으나 모든 것이 하나님에게서 났느니라"(고전 1:11-12)고 한 사실을 애써 무시한다.

바울은 "너희는 유대인이나 헬라인이나 종이나 자유인이나 남자나 여자나 다 그리스도 예수 안에서 하나이니라"(갈 3:28)고 하였다. 이에 비해 플라톤은 자신이 여자가 아닌 남자로, 야만인이 아닌 희랍인, 노예가 아닌 자유인 그리고 무식한 민중이 아니라 소크라테스의 제자로서 지식인으로 태어난 것을 자랑스럽게 생각한다는 차별적 발언을 한 적이 있다고 한다. 플라톤이 이상적으로 생각한 고대 그리스의 민주정치는 성년 남성만의 전유물이었고, '여성, 노예, 외국인'은 완전히 제외되었다. 이처럼 여성에 대한 성차별은 고대 사회 이후로 계속 존속해 온 것이다.

성서에 여성 차별적인 당시의 관습들이 부분적으로 반영되어 있을지라도, 기본적인 가르침은 남녀가 평등한 하나님의 자녀로 창조되었다는 가르침이다. 그러므로 성경이 남녀차별을 주장한다는 것은 성경을 오독하는 것이다. 따라서 세계의 어느 종교보다 기독교가 주도적으로 여성 해방 운동에 앞장섰고, 여성신학을 통해 성서의 본래의 가르침에는 오히려 양성평등과 여성성이 강조되고 있다는 사실을 밝혀 왔기 때문이다.

기독교가 선도해 온 여성 해방 운동 과정에서 캐디 스탠튼(Elizabeth C. Stanton)이 중심이 되어『여성의 성서』(1895)를 편집하여 출간함으로써 여성신학이 태동하였다. 이 책은 성경에서 여성에 대한 부분들을 선별하고, 성서를 남녀불평등 사상은 하나님에 의해서가 아니라, 남성에 의해 만들어졌다고 주장하였다. 여성에 대하여 언급한 성서의 구절을 재검토해야 한다고 결론 내린 것이다.

이후 등장한 여성해방신학은 해방신학의 한 유형으로서

'여성신학'이라는 독특한 위치를 차지하게 되었다. 해방신학은 세계에 있어서 피압제자들의 상황과 이러한 상황의 극복에 관심을 가지게 되었는데 이러한 입장에서 볼 때 "여성이 최초로 그리고 가장 오랫동안 억압을 받아왔으며 예속되어 온 민중"이라는 사실을 자각하게 된 것이다. 따라서 여성신학은 종래의 여성 해방 운동이 문제삼아온 성차별적인 문화와 사회 체제 뿐만 아니라 남성위주의 전통적인 신학 사상과 교회 제도에 대한 비판을 새롭게 제기하고 성서의 새로운 해석을 통해 해방의 본래 경험을 성찰하고 하나님 새로운 해석을 통해 해방의 본래 경험을 성찰하고 하나의 새로운 해방의 실천을 수행하려는 목표를 지향한다.

여성신학은 메리 데일리(Mary Daly)의 『교회와 제2의 성』 (1968)▪이 출판되면서 본격적으로 전개되었다. 여성신학을 주장하는 이들은 라틴 아메리카의 해방신학을 모델로 삼고 사회 혁명의 일환으로서 여성 해방에 관심을 가지고 있으며, 남성들에 의해 형성된 신학 전통과 성서를 여성 해방이라는 전

▪ Daly, Mary(1997), 『교회와 제2의 성』, (서울: 여성신문사).

망으로 재해석하고 원용하기도 한다. 여성신학적 성서 해석은 남녀의 생물학적인 차이 내지는 구별을 인정하면서도, 가부장적 남녀 이원론을 비판하고 이러한 가부장적 문화를 신학 전통과 교회 체제에 적용한 것을 비판한다. 이레네우스, 터툴리안, 제롬 어거스틴, 아퀴나스 등 전통 신학자들은 남녀 이원론을 영육이원론으로 비유하여 여성을 육의 원리와 동일시하고 여성을 육욕과 죄의 관문인 것처럼 주장한 것을 성서의 오독에서 비롯된 것이라는 사실을 낱낱이 비판한다.

여성신학은 여성성이라는 비판적 시각에서 성서를 새롭게 해석한다. 하나님의 형상대로 남자와 여자를 창조한 것(창 1:26)에 대한 종래의 여러 해석을 비판하고, 하나님의 형상은 남성이면서 동시에 여성의 이미지를 함축한 것으로 해석한다. 그리고 하나님의 형상으로 창조된 아담과 그의 돕는 자로 창조된 이브의 남녀관계를 남녀평등의 파트너십에 대한 신학적 인간학으로 해명한다. 가부장권을 강조한 사회적 상황에도 불구하고 마태는 예수의 족보에 여성을 다섯 명(다말, 라합, 룻, 밧세바, 마리아)씩이나 포함시킨 것도 메시아적 구원사에 여성이 배제 될 수 없음을 의미한다고 주장한다.

뿐만 아니라 삼위일체의 해석을 통해 하나님은 이스라엘의 돕는 자라는 유대인들의 신 인식에 근거하여 이브 역시 아담의 돕는 자(ezar, 창 2:18)이므로 돕는 자로서 하나님은 여성의 이미지를 담고 있다고 한다. 종으로서의 그리스도의 형상(제2 이사야, 막 10:45)은 지배자로서의 남성의 지배 논리에 대한 비판의 준거가 되며, 보혜사 성령(parakletos)은 돕는 자(advocate)라는 뜻이므로 여성의 이미지를 나타낸다고 한다. 신약성서에 증거 된 예수 그리스도는 남성임에 틀림없지만 남성 지배의 모습을 전혀 가지고 있지 않다고 주장한다. 예수는 아담으로 인해 타락한 인간성을 회복하기 위해 이 땅에 오신 인간성의 새로운 구현이므로(롬 5:8) 그의 인간성은 한갓 개별적인 남자(aner)라는 데 있지 않고, 온 인류의 인간성을 대표하는 남녀는 포함하는 인간(anthropos)이라고 말해져야 옳다는 것이다.

데일리와 같은 여성 해방신학자들은 교회와 신학의 차별적 언어 사용을 문제 삼고 남성적인 일체의 대명사를 비성차별적인 용어로 대치할 것을 권한다. 주기도문의 '하늘에 계신 우리 아버지여(Our Father)'를 '우리 부모'(Our Parent)로, '하나님의 아들'(Sons of God)을 '하나님의 자녀'(Children of God)로 부르자고 제안한다.

이러한 여성신학의 입장에서 교회 공동체에 대한 새로운 모델을 찾는다. 교회(Ekklesia)는 부르심을 받은 모든 사람들의 모임이다. 처음 교회는 남성 지배의 위계질서와는 거리가 멀었다. 최초의 부활의 목격자들은 오히려 여성들이었다. 교회는 마가 다락방에서 성경의 임재와 더불어 시작되었다. 성령은 교회의 영이다. 보혜사 성령은 '돕는다'는 뜻이므로 교회의 역할은 억눌린 자, 가난한 자, 약한 자, 병든 자 등 모든 도움이 필요한 자들을 돕는 데에 있다. 이러한 돕는 자로서의 교회 모델은 여성의 이미지를 함축하고 있다.

따라서 여성신학이 성서에 입각하여 교회 안에서의 양성 평등을 줄기차게 주장하여 마침내 여성 목사 제도를 도입하게 된 것이다. 세계의 고등 종교 중에서 여성의 사제직을 인정하는 종교는 개신교뿐인 것이다. 그러므로 기독교를 여성을 억압하는 성차별의 종교라고 매도할 수 없을 것이다.

09

성 경 은 장 애 인 을 차 별 하 고 비 하 하 는 가 ?

　　반기독교시민운동연합은 성경을 왜곡하여 성경에는 성차
별과 여성 비하와 더불어 장애인에 대한 차별과 비하가 있다
고 주장한다.

　　물론 구약성서와 후기 유대 성전 공동체는 장애인들을 철
저히 차별하고 소외시킨 것이 사실이다. 병자들은 불결하고
부정하다는 이유로 성전 제의는 고사하고 성전 출입도 배제되
었다. 구약성서에서는 성전 제사에서 배제된 질병의 목록이
나올 정도이다.

너의 후손 대대로 몸이 성하지 않은 사람은 그의 하느님께 양식을 바치러 가까이 나오지 못한다. 소경이든지 절름발이든지 얼굴이 일그러졌든지 사지가 제대로 생기지 않았든지 하여 몸이 성하지 않는 사람은 아무도 가까이 나오지 못한다. 다리가 부러졌거나 팔이 부러진 사람, 곱추, 난장이, 눈에 백태 낀 자, 옴장이, 종기가 많이 난 사람, 고자는 성소에 가까이 나오지 못한다(레 21:17-20. 공동번역).

유대교의 4대 종파 중에 하나인 에센파(쿰란공동체) 역시 선천적으로 결함 있는 사람을 공동체에 들어오지 못하도록 규례를 정하였다.

육체가 더럽혀진 자들, 곧 발이나 손이 마비된 자들, 지체 장애인들, 시각 장애인들, 청각 장애인들, 농아자들 또는 자신의 신체에 눈에 보일 정도의 흠을 가진 자들이나, 회중 가운데에 네 몸을 똑바로 가누지 못하는 노인들 등이 그렇다. 이들은 명망 있는 자들의 모임에 참여하지 못한다. 왜냐하면 거룩한 천사들이 그 모임 안에 있기 때문이다.

장애인과 병자를 차별하고 비하하는 것은 그 당시에는 당연하게 여겨졌다. 희랍 철학자들 역시 병자를 적대하는 일에 있어서 더욱 과격하였다. 플라톤은 『이상국가』에서 건강한 아이만 양육하고 결함이 있는 아이는 버려져야 한다고 주장하였다. 장애인이 전혀 없는 나라를 이상적인 국가로 여겨, 장애인 차별을 합리화하고 이상화한 것이다. 그의 제자 아리스토텔레스도 『정치론』에서 불구의 아이들은 절대로 양육될 수 없다고 하였다. 네로 시대의 현자 세네카 역시 『분노론』에서 이성의 이름으로 약하고 비정상적인 아이들을 제거할 것을 가르쳤다.

미친개는 머리를 부순다. 미쳐 날뛰는 소는 죽인다. 병든 양을 칼로 찔러 다른 양들에게 감염시키지 못하도록 한다. 자연스럽지 못한 자손은 없앤다. 약하고 비정상적인 것은 아이일지라도 물에 빠뜨린다. 해로운 것들은 건전한 것들로부터 구별해 내는 것은 분노가 아니라 이성이다.■

■ Seneca, *On Anger*, I.15:2.

유대교의 성전주의자들은 종교적인 이유로, 희랍 철학자들은 이성적인 이유로 병자와 장애인을 그들 공동체에서 차별하고 배제시키는 것을 정당화하였지만, 예수는 그들과 매우 다른 태도를 취하였다. 예수의 주요한 사역 중 하나는 성전 출입조차 금지된 병자와 약자를 우선적으로 치유하는 것이었다. 복음서는 예수가 두루 다니며 "백성 중에서 모든 병과 모든 약한 것을 고치시니" 사람들이 "갖가지 병에 걸려 신음하는 환자들과 마귀 들린 사람들과 간질병자들과 중풍병자들은 예수에게 데려오니 모든 앓는 자, 곧 각색 병과 고통에 걸린 자를 데려왔다. 예수께서는 그들을 모두 고쳐 주셨다"(마 4:24)고 한다.

당시의 병자들은 육체적 고통에서 벗어날 치료의 기회를 얻지 못했고 그로 인해 희망도 없이 절망과 좌절 속에서 고통을 받았다. 또한 가정과 사회에서 쫓겨나 행려병자로 떠돌면서 부정하고 불결한 죄인으로 취급되었다. 병은 병마로 여겨졌고 죄의 결과로 여겨졌기 때문에 병자들은 속수무책의 육체적, 정신적, 사회적, 종교적 사중의 고통에 시달리고 있었다.

예수가 하나님의 나라를 선포한 후 제자를 택하시고 나서 가버나움에서 첫 번째로 하신 공적인 활동은 병자의 치유였다

(막 1:21-27). 예수는 병마에 시달리는 이들이 치유되는 것으로 하나님의 나라의 임재 여부를 알 수 있다고 하였다. 하나님의 나라의 일과 병 고치는 일과 귀신 쫓아내는 일은 밀접한 관련을 맺고 있다(마 12:28, 눅 11:20). 예수는 애간장이 타는 사랑의 마음으로 그가 만난 무수한 병자들에게 다가가서 그들의 질고를 치유하신 것이다. 그리고 이러한 놀라운 치유는 구원의 원초적인 경험으로 받아들여졌고, 병자들이 치유되어 먼저 참된 구원에 참여하게 될 때 하나님의 나라가 임하는 것으로 선포되었다. 병자를 치유하고 귀신들린 자들을 깨끗하게 하신 것은 예수의 중요한 메시아적 사역에 포함된다. 실제로 유대교 전통에서 다른 어느 누구보다도 병자 치유의 사례가 가장 많은 인물이 예수이다.

예수가 가르친 하나님 나라 잔치의 비유에서도 종말론적 하나님의 나라에 초청될 대상이 가난한 자들과 더불어 "병자들과 저는 자들과 소경들"(눅 14:13)이라고 하였다. 예수가 선포한 하나님의 나라에는 오히려 비장애인들이 우선순위에서 밀릴 정도로 장애인이 우대 받는다. 제자들을 파송할 때도 "하나님의 나라를 전파하며 앓는 자를 고치게 하려는 것"(눅 9:2)

이 그 목적이라고 하였다. 더군다나 치유 사역은 예수가 자신의 추종자들을 파견하면서 부여했던 임무 가운데 핵심적인 것이었다. 그리하여 제자들을 파송할 때도 "천국이 가까왔다 하고 병든 자를 고치며 죽은 자를 살리며 문둥이를 깨끗하게 하며 귀신을 쫓아내되 너희가 거저 받았으니 거저 주어라"(마 10:7-8 병행)고 하였다.

이처럼 예수 사역의 핵심에는 회당에서 가르치고 천국 복음을 선포하는 것과 함께 온갖 병자와 약자를 치유하는 것이 포함되어 있었다. 그래서 기독교의 전통적인 선교와 목회 사역에는 학교를 세워 가르치는 일(teaching)과 교회를 세워 복음을 선포하는 일(preaching)과 병원과 복지시설을 세워 약자와 병자를 치유하는 일(healing)이 긴밀하게 연결되어 있는 것이다.

무엇보다도 예수는 고대 역사에서 찾아 볼 수 없는 질병과 질고의 치유자요, 유대인과 이방인 남녀노소를 차별하지 않은 치유자요, 그리고 일체의 치료비를 받지 않은 무상의 치유자였다. 그러므로 유대인들이 세운 '성전'과 플라톤이 제시한 '이상 국가'에는 병자와 장애인이 차별받고 배제되었지만, 예수가 선포한 '하나님의 나라'는 병자와 장애인들이 비장애인들보다 먼저 들어가는 나라였다는 사실을 기억해야 한다. 플라톤과 아리스토텔레스가 위대한 서양 철학자라고 해도 병자와 약자를 차별하고 적대시하였다는 점에서는 그 시대의 평균적인 의식을 넘어서지 못했다. 이들과 비교해 보면 예수의 선포가 얼마나 시대에 앞선 생각인지를 엿볼 수 있다.

후기 유대교가 율법주의에 매몰되어 성전 체제를 견고하게 하기 위해 장애인들은 성전 제의에 배제했기 때문에, 예수는 그러한 성전의 정화를 시도하고 그러한 성전의 멸망을 경고한 것이다. 따라서 기독교를 반대하는 이들이 성경에 대해여 장애인을 차별하고 비하한다고 주장하는 것은 그 시대의 배경과 신구약 전체에 흐르는 정신을 바로 이해하지 못한 결과인 것이다.

2부

반기독교 저서 반박

01_

오강남, 『예수는 없다』를
반박한다

오강남 교수가 지은『예수는 없다 ― 기독교 뒤집어 읽기』
(현암사, 2001)▪를 읽은 이들이 더러 있어, 얼마 전 사석에서
이 책에 대한 얘기를 처음 듣게 되었다. 한 분의 얘기로는 그
책을 읽은 자기 교회의 평신도들의 반응이 찬반양론으로 나누
어졌다고 한다. 한편으로는 종교적인 입장에서 기독교를 객
관적으로 바라볼 수 있는 시야의 폭을 넓혀 주고 문자주의적
해석의 한계를 잘 지적하였다는 쪽이고, 다른 한편은 예수에
대한 이해가 편협 되었으며 상술에 편승한 교묘한 반기독교적

▪「한국교회언론」, 2001년 9 · 10월호, 12-17.

인 책이라는 주장이었다고 전해 주었다.

오강남 교수를 만난 적도 있고 이름을 익히 알고 있는 터라 도대체 어떤 내용을 쓰셨을까 궁금하던 차에, 책방에 가서 그 자리에 서서 대충 읽어 보았다. 이십 년 가까이 기독론을 연구 하고 가르쳐 온 필자로서는 이것이 전부가 아닌데 하는 강력 한 충동을 느꼈다. 그러던 차에 이 책에 대한 서평을 부탁 받고 망설이던 끝에, 신학의 일차적인 임무가 변증(Apology)이라 는 평소의 신념에 따라 이 글을 쓰게 되었다. 이 서평이 도발적 이라고 느껴지더라도 오강남 교수의 책 제목 자체가 도발적인 데서 유발된 것임을 독자들이 널리 양해 해 주시길 바란다.

오강남 교수를 진지한 학자로서 존경하여 왔다. 그의 글을 더러 읽은 기억이 있다. 그의 어떤 글에서 읽은 '빈 배 이야기' 는 큰 깨달음이 되었다. 캄캄한 밤중에 나룻배를 저어 가던 사 공이 마주 오는 배와 충돌하는 순간 큰 소리로 화를 내며 삿대 질을 하고 보니, 그 배는 사공이 없는 빈 배(empty boat)였다 는 그런 얘기이다. 빈 배에 부딪치고 나서 화를 내는 것은 어리 석은 짓이다. 그러나 오강남 교수는 '예수는 없다'는 도발적이 고 상업적인 표제의 깃발을 앞세우고 좌충우돌로 돌진하는 것이니, 그래서 점잖게 따지려는 것이다.

이 글을 쓰기 위해 이 책을 다시 꼼꼼히 정독하였다. 그런데 처음 읽을 때는 눈에 들어오지 않았던 표지의 그림과 글자들이 시야에 몰려오면서 어떤 전율 같은 것이 느껴졌다.

우선 표지의 그림은 하늘을 향해 부활한 예수의 모습을 땅으로 향하게 뒤집어 놓은 것이었다. 『예수는 없다』는 제목 아래에 "기독교 뒤집어 읽기"라는 부제를 보니 그 이유를 알 것 같았다. 제목 위에는 "원로 종교학자가 필생의 연구 끝에 찍은 마침표"라는 설명을 달았다. "원로 종교학자가 평생을 연구해 보니 예수는 없다"는 이미지가 한 눈에 들어오도록 교묘히 만들어 놓은 듯한 감을 떨칠 수 없었다.

그러나 기독론을 연구하고 가르치는 신학자가 이 책을 꼼꼼히 읽어보고 참고문헌을 따져 본다면, '예수'에 대한 오 교수의 연구는 원로교수의 필생의 연구치고는 너무 피상적이고 편협하며 주제를 포괄적으로 다루지도 못했고, 이미 20세기 학자들 사이에는 반론을 통해 극복된 19세기의 낡은 주장들을 나열하고 있다는 점을 금방 느낄 수 있을 것이다.

이러한 비판이 심하다고 느껴지는 분이 있으면, 연륜이 짧은 젊은 학도가 학문을 길에 접어들면서 습작으로 쓴, 예수는 누구며, 어떻게 사셨는가를 다룬 책(『그리스도의 삼직무론』, 한국장로교출판사, 1999)과 비교하여 보길 바란다. 그래도 믿어지지 않으면 시카고 트리뷴 지의 신문기자였던 리 스트로벨(Lee Strobel)이 쓴 『예수 사건』(두란노, 2000)을 꼭 읽어보기를 권한다. 이를 재확인하고 싶으면, 아주 최근의 예수 연구의 결정판인 타이센과 메르츠의 공저 『역사적 예수』(다산글방, 2001)도 정독하길 바란다.

원로교수의 필생의 역작인 『예수는 없다』와 일개의 저널리스트가 21개월 동안 13명의 각 분야의 최고의 학자를 직접 인터뷰하여 저술한 『예수 사건』과 비교해 본다면, 예수에 관한 오 교수의 연구가 피상적이며 진지하지도 않다는 비판에 고개를 끄덕일 것이다.

이 책 1장에 "어린아이의 일을 버렸노라"라는 제목으로 믿음도 유아적인 문자주의의 유치한 상태에서 벗어나 성숙하여야 한다는 것을 그토록 강조하였는데, 앞서 소개한 책을 한 권만이라도 읽어본다면, 오 교수 자신의 예수 이해가 얼마나 제한적이며, 유치하고 미숙한 것인지를 비교할 수 있을 것이다.

이 책의 문제점은 목차에 그대로 드러난다. 예수를 표제로 다룬 책에서 실제로 예수에 관한 부분은 전체의 5분의 1밖에 되지 않는다. 전체 335쪽 중 67쪽에 불과하다. 더군다나 예수에 관해 다룬 작은 부분마저도 낡은 자료에 근거하여 편협하게 다루어졌다. 예수에 관한 논의 중에서 최근 역사적 예수 연구를 통해서 활발하게 진행되어 온 중요한 주제들, 즉 예수의 생애와 교훈의 특징, 하나님 아버지와 하나님 나라의 선포, 예수의 율법에 대한 전향적인 가르침, 병자와 약자를 치유하고 죄인과 더불어 먹고 마신 삶의 행태(life style), 성전 정화 및 십자가 사건과 그 의미 그리고 부활의 역사성에 관한 논쟁과 부활 신앙 같은 주제들은 전혀 다루지 않았다. 성실한 학자라면 무시해 버릴 '예수의 성생활'이나 '예수는 동성애자인가?' 하는 진지한 결론도 없는 주제를 다루느라 아까운 지면을 할애하였다. 그리고 '예수는 없다'는 명제가 지닌 의미도 전체 내용과 어울리지 않게 너무나 간단하고 피상적으로 설명되었다.

한마디로 예수를 학문적으로 제대로 다루지 못한 것이라고 평가할 수 있다. 원로 종교학자의 필생의 연구라는 표제만 없었더라도 필자의 이같은 비판은 면할 수 있었으리라는 아쉬

움이 남는다. 그래서 역설적이게도 이런 생각을 했다. 붕어빵에는 붕어가 없듯이 『예수는 없다』라는 책에도 제대론 된 예수 이해는 없는 것이 아닌가? 어느 코미디언이 한 손으로 눈만 가리고 "영구 없다!"고 외치는 우스개가 연상되었다.

예수에 대한 곡해와 왜곡은 어제 오늘의 일이 아니다. 2세기에 켈수스라는 희랍철학자는 예수의 처녀 탄생을 부정하고 예수는 로마 군인 판테라(Pantera)의 사생아라고 주장하였다. 그리고 예수의 부활은 제자들이 예수의 시체를 훔친 것이라는 주장은 이미 마태복음(27:64)에도 기록되어 있다.

오 교수가 예수에 관해 그나마 다른 것이 있다면 동정녀 탄생에 관한 것인데, 이 역시 대중적이고 상업적인 관심에서 비롯된 것으로 여겨진다. 동정녀 탄생은 종교사적으로 보편적으로 등장하는 비범한 탄생 이야기에 속하는 영웅 신화라고 주장한다. 그런데 이런 주장은 이미 18세기 서양에서부터 시작된 것으로 새삼스러울 것도 없다. 그리고 그동안 예수 연구를 통해 이미 비판적으로 극복된 내용들이 대부분이라는 데에 문제의 심각성이 있다.

20세기에 들어와서 역사적 예수 이해는 "역사의 본질"에 대한 이해와 해석 방법에 따라 적어도 4-5단계에 걸쳐 발전하여 왔다. 그러나 오 교수는 2-3단계에 즉 슈바이처나 불트만의 역사적 예수에 대한 회의론에 멈추어 있는 것 같다(『역사적 예수』, 44쪽). 불트만의 제자들이 스승을 비판하고 역사적 예수에 관한 새로운 질문을 제기했고, 최근에는 역사적 예수 연구의 제3의 방식과 고고학적 성과로 역사적 예수에 관한 많은 새로운 사실을 알게 되었다는 것이 역사적 예수 연구의 상식이라는 점을 모르는 것 같다.

그 단적인 예가 예수를 여전히 신과 인간 사이에 태어난 영웅 신화의 일례로 본다는 점이다. 알렉산더 대왕은 제우스 신과 모친 사이의 성관계를 통해 태어난 영웅으로 기록되어 있다. 그의 전기는 그가 죽은 지 400년 이상이 지나서 플루타크에 의해 기록된 것으로 역사적 신빙성이 결여된 전설일 가능성이 크다. 오 교수가 사례로 들지 않은 것으로 제우스가 알렉산더뿐 아니라 헤라클레스, 페르세우스를 낳은 이야기와 아폴로가 아스크레피우스, 피타고라스, 플라톤, 아우구스티누스를 낳은 이야기 등은 모두 영웅적인 인물의 출생의 특수성을 신과 인간의 성관계를 통해 이뤄진 것으로 주장하는 다신론적 혼음 신화의 사례이다. 그러나 성서에는 이미 창세기에서부터 다신론적 혼음 신화는 철저히 거부되었다.

그리고 예수의 탄생 설화를 모친의 오른쪽 옆구리에서 태어났다는 부처의 신묘한 탄생 신화와 유사한 것으로 보았지만, 부처의 경우 출생년도조차 기원전 563?-483?년경 사이의 여러 설이 존재할 정도로 그 역사적 정확성이 떨어지며, 그러나 그에 관한 최초의 전기는 700년이 지난 주후 1세기에 기록된 것이므로 꾸며낸 전설일 가능성이 많다.

또한 예수의 탄생을 박혁거세의 난생 설화와 유사한 특별한 출생의 영웅 신화라 했지만, 기원전 69년에 태어난 박혁거세에 대한 역사적 기록도 역시 11세기가 지나서 『삼국유사』와 『삼국사기』에 의해 이루어진 것이다.

그러나 20세기에 들어와서 칼 바르트 이후 동정녀 탄생론은 성령의 잉태론으로 주장되고 있다. 사도신경에서도 성령으로 잉태되어 동정녀 마리아에게 나신 것으로 고백하고 있다. 그리고 하나님의 명령에 따라 성령의 능력으로 인한 처녀 잉태는 예수의 경우에만 해당하는 유일무이한 사례라는 것은 이미 정설로 받아들여지고 있다. 따라서 예수의 경우 처녀 마리아가 어쩌다 아이를 낳은 것이 아니라 하나님이 인간이 되시기 위하여 성령에 의한 잉태가 나타났고 처녀 마리아조차도 이 놀라운 신비를 어쩔 수 없이 믿음으로 순종하여 예수를 낳게 된 것이다.

그리고 예수에 관한 최초의 전기는 그가 죽은 지 30년쯤 되어서 마가복음으로 기록되었다. 예수의 성령 잉태에 관해서는 예수가 죽은 지 50년도 못되어 마태와 누가에 의해 공개적인 공식 문서로 기록되었다. 그것보다 더 논쟁이 된 예수의 부활에 대한 최초의 기록은 예수가 죽은 지 24년 만에 기록된 것(고전 15장)이므로 그 속보성과 정확성은 다른 고대 문서와 비견할 수 없다는 것이다. 말하자면 13세기가 지난 다음에 기록한 것과 30~50년이 못되어서 기록한 것 사이의 역사적 진정성을 질문해야 할 것이다.

이처럼 부활 사건이 있은 지 24년 만에 이를 공식적인 문서로 작성할 수 있었다는 것은, 이때에는 예수에 대해 들었거나 친히 만난 많은 사람들이 생존해 있었을 시기이므로, 적대적 목격자의 반론이 가능한 시기에 이런 기록을 공개한 것 그 자체가 예수 부활의 역사적 검증이 되기에 충분한 요소 중의 하나라고 할 수 있다는 것이 최근의 역사가들의 주장이다. 그러나 오 교수는 예수의 십자가나 부활 사건은 전혀 언급하지 않았다. 사실상 부활의 역사성에 관한 문제(부활에 관한 다섯 가지 역사적 정황 증거에 관한 최근의 연구는 『예수 사건』 326-341 쪽 참고 바람)가 동정녀 탄생의 역사성보다 더 큰 문제로 다루어져야 하기 때문이다. 유대인들이 십자가에 처형한 예수를 하나님이 다시 살리셨다(행 2:36)고 믿는다면, 그 하나님께서 성령의 잉태로 처녀의 몸에서 그 아들을 태어나게 하셨다는 것을 믿는 것이 그리 큰 문제가 되지 않기 때문이다.

무엇보다도 오 교수의 동정녀 탄생과 관련하여 제기한 문제들이 지니고 있는 방법론적 약점을 지적하려고 한다. 예수의 베들레헴 탄생과 베들레헴 유아들의 학살과 나사렛에서의 성장을 구약성서(렘 23:5, 미 5:2, 호 11:1, 렘 31:15, 삿 13:5)에 근거한 전설로 보느냐 아니면 구약성서의 성취로 보느냐는 문제이다. 1835년 슈트라우스가 『예수의 생애』에서 처음으로 신앙의 그리스도와 역사의 예수를 구분하고, 마태복음 2장의 이 구절은 제자들이 예수의 생애를 전설로 꾸며내기 위해 구약에서 그 근거를 찾아낸 역사적 신화의 사례들이라고 보았다.

그러나 최근에 와서 대부분의 학자들은 그 반대로 생각한다. 타이센과 메르츠도 이 점을 분명히 지적하고 있다. "최초의 그리스도인들은 구약에 비추어 예수에 대한 기억을 해석했을 뿐만 아니라 경전을 근거로 그 기억을 만든 것"(171쪽)이라는 19세기 이래의 주장을 반박한다. 아주 최근의 역사적 예수 연구의 경향인 역사적 예수에 대한 제3의 탐구 방법론에 의하면 "최초의 그리스도인들은 구약성서를 창조적으로 활용했다. 그렇게 함으로써 기존의 (불유쾌한) 사실들—예수의 처형, 제자의 도주, 성전 정화 사건, 예수의 갈릴리 출신—에 어떤 의미를 부여할 수 있었기 때문이다. 이 때 구약 성서적 해석은 그 해석의 대상이 될만한 사건을 전제로 한다"(172쪽)는 것이다.

꾸며낸 전설의 경우에는 과장과 미화가 따르며, 불리하고 불유쾌하고 상호 모순되는 내용은 의도적으로 배제하는 것이 통례이다. 많은 성서 역사학자들의 주장처럼 이 점에 있어서 성서는 예외에 속한다는 것이다. 오 교수가 제기한 동정녀 탄생의 문제도 여기에 해당한다. 예수는 처녀 잉태로 베들레헴에서 탄생했고, 나사렛에서 자랐으며, 그의 출생으로 인해 베들레헴의 동년배 아이들이 무참히 죽는 등, 이런 비상식적이고 불유쾌하고 모순적인 사실이 역사적 실체적 진실이지만, 이 모든 사건을 복음서의 독자들로서는 다 이해하기 어렵다고 여겼기에 구약성서를 인용하고 기록된 약속의 성취라고 주장함으로써 역사적 검증을 확보하려고 했던 것이다. 이처럼 오늘날 역사적 사건을 검증하는 방법과 2000여 년 전 성서 기자가 역사적 사건을 검증하는 방식이 달랐다는 것을 비판적인 서양 역사학자나 성서학자들이 이해하는 데에도 거의 200년이라는 시간이 필요했던 것을 상기할 필요가 있다.

그리고 18세기 이후로 성서의 상호 모순된 기록을 역사적 비진정성의 근거로 주장하였지만, 최근에는 오히려 성서의 경우처럼 그 세부적인 모순이야말로 그 사건 자체를 여러 사람이 서로 다른 관점에서 기술한 것이므로 그 역사적 진정성이 더욱 확실한 근거로 해석하게 되었다. 날조된 역사일수록 그 내용이 일사불란하다는 문서비평의 결과인 것이다.

구체적인 내용에 있어서 오 교수는 처녀 잉태는 이사야서 7장 14절의 '알마'(almah, 젊은 여자)라는 히브리어가 70인역 희랍어 '파르테노스'(parthenos, 처녀)로 오역된 것에 근거하여 꾸며낸 전설이라는 주장을 폈다. 그러나 이는 2세기의 오리겐이 이미 반박한 주장임에도 불구하고 1835년 슈트라우스라는 독일 학자에 의해 또 다시 제기된 낡은 주장이다. 슈트라우스 주장에 따라 남자를 경험하지 못한 동정녀(virgin)를 뜻하는 희랍어 '파르테노스'(parthenos)는 히브리어 '베툴라'(betulah)에 해당하고, 아이를 낳은 여자도 포함하는 '젊은 여자'를 뜻하는 히브리어 알마(almah)는 희랍어 '베아니스'(veanis)에 해당한다는 후속적인 비판이 이어졌다.

그러나 19세기의 하르낙(A. Harnack)에 이어 20세기의 바르트(K. Barth)도 이에 대해 반박하였다. '알마'의 경우 '젊은 여자'(young girl)를 의미하지만, 그 사용 문맥에서는 분명히 결혼하지 아니한 여자를 가리키는 사례가 아주 많다(창 24:43, 출 2:8, 시 68:25, 잠 30:19, 아 1:3, 6:8)는 반론이 제기되었다. '베툴라' 역시 '처녀'를 의미하지만 때로는 남편 없는 과부(욜 1:8)를 의미하기도 한다. 고대어 특히 히브리어의 경우 각 단어의 의미는 단정적이기보다는 문맥에 따라서 다분히 포용성을 지니고 있는 것이다. 따라서 이사야 7장 14절의 '알마'를 '파르테노스'라 번역하는 것은 충분히 가능하며 동시에 마태가 인용한 단어는 전후 문맥에 비추어 '처녀'의 뜻임이 분명해

진다(마 1:18, 25, 눅 1:34). 따라서 저 슈트라우스의 오역설 역시 이미 반박된 낡은 주장인 것이다.■

그리고 마태가 이사야를 인용하였지만, 누가의 기록에 보면 이 인용도 없으며 이 인용과 상관없이 처녀 탄생을 당황스러운 현실로 기록하고 있다. 처녀로서 아이를 잉태한 마리아 자신이 가장 큰 충격을 받았다. "나는 사내를 알지 못하니 어찌 이런 일이 있을 수 있습니까"(눅 1:34)라고 한 것으로 보아, 이 엄청난 현실을 받아들이는 일이 가장 어려웠던 이는 당사자 마리아였다는 점을 누가는 놓치지 않았다. 남자를 받아들인 적인 없는데 배가 점점 불러오는 이 현실을 어떻게 받아들일 수 있겠는가? 그럼에도 불구하고 마리아는 이 현실을 수용하고 믿음으로 순종하였다는 것이다. 그리고 이를 기록한 누가의 직업이 의사였다는 사실을 상기해야 할 것이다. 합리적인 의사로서 동정녀 탄생과 같은 상식적으로 도전받을 이야기를 생략하고도 얼마든지 유리하게 예수를 증거할 수도 있었을 것이다. 그럼에도 불구하고 이를 데오빌로라는 관원에게 보

■ 보다 자세한 내용은 이 책 2부 4장 "예수의 로마군인 판테라 사생아설"을 참고할 것.

낸 공식적인 문서로 기록하는 모험을 강행했다는 사실이 그 역사성의 한 증거이기도 하다.

더군다나 누가가 누가복음과 사도행전에서 언급한 32개 나라, 54개 도시, 9개 섬을 면밀히 조사한 고고학적 연구 결과 하나도 틀림이 없다는 사실이 밝혀졌다(『예수 사건』, 125-127쪽). 반면에 몰몬경의 경우 그 책에 나오는 어떤 인명, 국가명, 지명도 밝혀지지 않았다. 따라서 성령의 잉태와 동정녀 탄생을 기록한 누가는 당대의 지성인이요, 합리적 의사이면서 사실을 정확히 다룬 역사가였음으로 그 진술의 신뢰도를 더욱 높이 평가할 수 있게 되었다.

칼 바르트와 같은 지성적이고 비판적인 신학자도 동정녀 탄생은 생물학적으로 설명할 수 없는 유일회적이고 비연속적이고 돌발적인 궁극적으로 새로운 사건이므로 신앙의 유비(analogia fidei)로만 믿어질 수 있는 것이라고 전제하고, 그 역사적 신앙적 의미를 자세히 제시하였다. 적어도 현대에 와서 동정녀 탄생의 문제를 거론하려면 칼 바르트의 견해(Church Dogmatics, I-2권 15항) 정도는 언급하여야 하는 것이 신학계의 상식임을 종교학자들은 모르는 것 같다.

오 교수는 서론에서 "21세기의 역사적 과학적 문헌학적 정보 시대의 새로운 예수를 구체적으로 제시하려고"(20쪽) 이 책을 쓴다고 하였다. 그러나 결과적으로 오 교수의 역사적 예수에 대한 이해가 19세기의 낡은 틀에서 벗어나지 못했음을 스스로 드러내 보인 셈이 되고 말았다. 그 구체적인 증거를 더 알고 싶으면, 인구 조사와 베들레헴 탄생, 베들레헴 영아 학살과 나사렛의 존재에 대한 오 교수의 낡은 견해 대한 최근의 역사적 연구의 통쾌한 반박이 『예수 사건』 130-136쪽에서 자세히 다루고 있으니 참고하길 바란다.

지면 관계상 이 책에서 다룬 구약과 관련된 창세기 이야기, 부족(部族) 신관, 율법주의 신관 등에 관한 문제를 일일이 다 비판할 수 없지만, 이에 관해서는 『성서의 앞선 생각 I』(한국장로출판사, 1998년)의 창조의 하나님, 조상들의 하나님, 히브리의 하나님, 계약의 하나님을 주제로 다룬 최근의 저서 『야웨 하나님』(동연, 2010)을 참고하길 바란다.

마지막으로 『예수는 없다』는 표제 아래에 "예수를 안 믿는 것보다 훨씬 더 문제인 것이 그릇 믿는 것이다. 예수를 바로 믿지 않는다면 차라리 믿지 않는 게 낫다"라는 김진홍 목사의 글을 구호처럼 내걸었다. 표지만 보면 의도적으로 "예수는 없으니, 차라리 믿지 않는 게 낫다"라는 무의식적인 암시를 주는 듯하다. 정말 오랫동안 필자는 곰곰이 이 말의 숨은 뜻을 생각했다. "예수를 바로 믿지 않는다면 차라리 믿지 않는 게 낫는가?" "정말 그런가?" 엄격하게 따지면 그 누가 "나는 예수를 제대로 바로 믿는다"고 주장할 수 있는가? 그런 말을 한 김진홍 목사도 그렇게는 장담하지 못할 것이다.

이 주장을 일반 명제로 환원하면 "바로 하지 않을 바에는 안 하는 게 낫다"는 논리가 되는데, 정말로 타당한 논리인가? 전부 아니면 전무의 미숙한 논리가 아닌가? 이것이야말로 흑백논리의 선봉이요, 궤변의 극치요, 오만과 편견의 발로가 아닌가? 적어도 불교에 심취한 바 있으며, 종교다원주의를 주장하는 종교학자가 내세울 논리인가?

이는 기독교인들에게 신앙의 성숙을 질타하는 오 교수의 자신의 논리와도 배치된다. 교육학적으로도 맞지 않는 말이다. 처음부터 누가 바르게 잘할 수 있는가? 배워가면서 고쳐가면서 잘 해 가는 것이고, 그 누구도 절대 완벽하게 잘 할 수는 없는 것이 아닌가? 그래서 점수(漸修)와 성화(聖化)의 과정이 필요하지 않는가?

오 교수가 책 앞면과 뒷면의 표지에 인용한 김진홍 목사의 논리가 맞는 말이라면, 그 논리대로 오강남 교수가 쓴 『예수는 없다』는 책에 대해서도 이렇게 말하는 것도 맞는 말이 될 것이다.

"책을 안 쓰는 것보다 훨씬 더 문제인 것이 그릇 쓰는 것이다. 책을 바로 쓰지 않는다면 차라리 쓰지 않는 게 낫다."

0 2 _
티 모 시   프 리 크 ,『 예 수 는   신 화 다 』를
다 시   반 박 한 다

디모시 프리크와 피터 갠디의 공저이며 1999년 영국에서 간행된『예수는 신화다』(*The Jesus Mysteries*)라는 논쟁적인 책을 승영조 씨가 번역하여 2002년 공신력이 있는 동아일보사에서 출판하여 대대적인 광고를 통해 판매에 열을 올리는 것을 보고 "디모시 프리크의『예수는 신화다』를 반박한다"는 제목의 글을 동일일보사 편집부에 보냈고 그 반박이 타당하다 여겨 판매 중지를 결의한 바 있는 것으로 알고 있다.■

그런데 이 책의 한글 번역자는 최근 "보수 교단의 압력으

■ 이 글은 「국민일보」에 2회(2002년 10월 12일자 19일자) 게재된 바 있다.

로 2개월 만에 절판된 것"으로 주장하면서 출판사를 '미지북스'로 바꾸고 "기독교의 신은 이교도의 신인가"라는 도발적 부제와 함께 "인류 역사의 가장 위대한 거짓말"이라는 띠지를 붙여 다시 출판하였다. 따라서 기독교를 마치 '인류 역사의 가장 위대한 거짓말'로 연상하게 만드는 이 책의 문제점을 다시 한번 반박한다.

1. 예수에 대한 왜곡, 어제 오늘 일이 아니다

예수에 대한 왜곡은 어제 오늘의 일이 아니다. 역사학적 종교학적 검증 없이 예수와 기독교에 대하여 왜곡하여 온 저술들이 무수하다. 『예수는 신화다』도 그 중에 하나인데 그 핵심은 예수가 역사적 인물이 아니라 신화적인 인물이라는 것이다.

그런데 『예수는 신화다』와 반대 주장을 펴는 저서가 있다는 사실이 흥미롭다. 미국 죠지 메이슨 대학의 리챠드 루벤슈타인 교수가 쓴 『예수는 어떻게 하나님이 되셨는가』(한인철 역, 한국기독교연구소, 2004)라는 책이다. 이 책은 『예수는 신화다』라는 책의 주장과 반대로 예수는 유대인이고 역사적 인물이었는데 4세기의 가톨릭교회가 나사렛 예수를 신적 존재 즉 신화적 인물로 만들었다는 사실을 역사적으로 장황하게 늘어 놓고 있다. 서로 반대 주장을 하고 있으니 어느 한쪽이 틀린 것이 분명하다. 그러나 둘 다 틀렸다고 보아야 할 것이다. 왜 냐하면 예수의 신성을 부인하거나 예수의 인성을 부인하는 것 은 정통 기독교의 근본 교리를 반대하는 반기독교적 주장이기 때문이다.

초대교회에도 이러한 논쟁이 있었다. 유대교 입장에서 기 독교를 수용한 에비온파는 예수가 유대인인데 세례 이후 '하 나님의 아들'이 되었다는 양자설(養子說)을 주장하였고, 그 반 대로 영지주의 입장에서 기독교를 수용한 마르키온은 예수는 신적 존재였는데 30세쯤 인간의 육체로 가장하고 갈릴리에 나타났다는 가현설(假現說)을 주장하였다. 그래서 이러한 양 극단적인 신앙의 왜곡을 바로 잡기 위해 니케야 회의(325년) 가 소집되어 예수가 참 하나님이고 참 인간인 것을 니케야 신 조로 채택한 것이다.

예수의 신성을 부인하는 가현설이나 예수의 인성을 부인 하는 양자설과 같은 양 극단적인 주장은 기독교와 관련된 역사적 사실을 현저하게 왜곡하고 기독교 신앙을 호도하는 반기독교적 주장이므로 그 문제점을 지적하지 않을 수 없다. 왜냐하면 성서는 "예수께서 그리스도이심을 부인하는 자"와 "아버지와 아들을 부인하는 자"(요1서 2:22), 그리고 "예수 그리스도께서 육체로 오심을 부인하는 자"(요2서 1:7)들을 모두 '적그리스도'라고 규정하고 있기 때문이다.

2. 예수 사건과 미스테리아(밀교)는 유사성보다 차이점이 훨씬 많다

저자는 예수와 관련된 일련의 사건들 탄생, 세례, 성찬, 십자가, 부활 등이 고대 이집트의 신화적인 인물 오시리스와 희랍의 디오니소스를 종합하여 놓은 오시리스-디오니시우스 신화와 여러 면에서 유사하다는 사실(96-99쪽)을 장황하게 늘어놓는다. 그 수가 하도 많아서 일반 독자들이 쉽게 착각할 정도이다.

종교 간의 보편적 유사성이 있는 것은 이미 공인된 사실로 새로울 것도 없다. 불교의 5계에도 "살생하지 말라, 도둑질 하지 말라, 음행하지 말라"는 계율이 있고 기독교의 십계명에도 같은 내용이 있다. 심지어 석가의 비유 말씀이나 예수의 비유 말씀이 줄거리는 다르지만 핵심 주제가 유사한 것도 적지 않다. 그래서 석가가 먼저 태어났기 때문에 예수를 석가의 제자라고 주장하는 사람들도 있는 것이다. 그러나 건전한 상식을 가진 사람이라면 두 종교가 같은 종교라고 주장하는 사람은 없다. 두 종교의 형태적 유사성보다 본질적인 차이점이 훨씬 많기 때문이다.

무엇보다도 이 책의 기본 논지는 '예수는 오시리스와 같은 신화적인 인물'이라는 주장이다. 이것은 형태적 유사성만 부각하여 본질적인 차이를 완전히 무시하는 궤변이다. 이 책을 읽다 보면 저자들이 밀교와 기독교의 유사성을 찾기 위해 수고한 흔적을 살펴 볼 수 있지만, 그 결론은 마치 "중국의 황제도 '천자'(天子)이고 예수도 '하나님의 아들'이기 때문에 둘 다 같은 인물이다"는 단순 논리를 대단한 진리처럼 주장하는 어리석음의 극치로 느껴진다.

이는 방법론적으로 보아 치명적인 오류일 뿐만 아니라, 예수의 역사적 생애를 왜곡하려는 불순한 전제와 의도에서 비롯된 것임을 살펴 볼 수 있다. 객관적 지식을 추구하는 양식 있는 역사학자라면 이들 사이의 유사성과 함께 본질적인 차이도 공평하게 다루어야 하기 때문이다. 이 책에는 예수 사건에서 아주 중요한 핵심이 되는 다음 사건들에 대한 언급이 전혀 없다.

- 가난한 자들에게 모든 소유가 평등하게 재편되는 '희년'의 기쁜 소식을 선포한 것.
- 예수께서 육체적 고통과 정신적 절망과 사회적 배척과 종교적 죄인 취급을 받는 4중적인 고통을 당하는 무수한 병자들을 애간장이 타는 마음으로 치유하신 것.
- 세리와 창녀 같은 소외되고 죄인 취급 받는 사람들과 어울려 먹고 마시며 모든 사회적 인종적 종교적 차별을 철폐한 것.
- 로마 식민지의 폭압적인 통치 하에서 하나님의 나라의 섬김의 통치를 선포한 것.
- 유대교의 율법과 안식의 정신을 새롭게 해석하고 성전 정화를 통해 제도적인 성전 종교 체제의 붕괴를 예고한 것.
- 산헤드린과 빌라도의 재판을 받고 십자가 처형을 받았으나 삼일 만에 죽은 자 가운데서 다시 살아 난 것.

이처럼 밀교의 나사렛 예수의 구체적인 삶의 행태는 오시리스-디오니소스의 밀교와는 본질적이 차이가 더 많다는 것은 종교학계의 정설이라는 사실을 유념했으면 한다.

3. 예수의 역사적 생애는 오시리스-디오니시우스 신화와 본질적으로 다르다

풀루타르코스의 『영웅전』에 의하면 오시리스는 땅의 신 게브(Geb)와 하늘의 신 누트(Nut)의 아들로 누이동생 이시스(Isis)와 결혼하였는데, 후에 형의 지위를 노린 아우 세트(Seth)에게 살해되고 그의 시신은 14조각으로 토막 내서 온 나라에 흩어져 버린다. 이시스는 그 시체 조각을 모두 다시 찾아 맞추어 최초의 미이라를 만들고 그의 성기(性器)를 살려내어 관계하여 아들 호루소(Horuso)를 낳았다. 그리고 오시리스의 소생을 위한 의식을 거행한 결과 그가 소생하여 죽은 자들의 사후 세계의 왕이 되고, 호루소는 산 자들을 통치하는 이집트 최초의 왕이 되었다고 한다.

죽은 신을 애도하고 그 재생을 기원하는 오시리스 신앙은 농경 문화와 결합되어 해마다 춘분이 되면 겨울에 죽었던 식물들이 되살아나는 것과 관련시키는 재생 의식으로 지켜졌다. 이러한 자연 종교의 재생 신앙이 영적 각성이라는 의미에서 영적 재생 신앙으로 밀교와 영지주의에 의해 재해석되어 널리 유포되었다. 저자는 '미스테리아 신화든 예수 이야기든 부활은 재생'을 뜻한다(95쪽)고 하였다. 그러나 예수의 몸의 단 일회적 부활과 오시리스 신화의 반복되는 재생은 본질적으로 다르다.

종교학자 내쉬(R. Nash)는 오시리스 재생 신화와 예수의 부활 신앙을 비교해 보면 다음과 같은 분명한 차이점이 드러난다고 하였다.

- 다른 사람을 대신해서 죽는다는 점.
- 자신에게 속한 사람들을 위해 죽는다는 점.
- 단 한 번의 죽음이지 반복된 죽음이 아니라는 점.
- 역사적 실제 사건으로 처형 당해 죽는다는 점.
- 자발적인 죽음이었다는 점.
- 그의 죽음은 패배가 아니라 승리였다는 점.

따라서 1세기의 유대 땅 나사렛 사람 예수와 기원전 4500
년경의 이집트의 신화적 인물 오시리스를 동일한 신화적인 인
물로 여기는 것은 복음서와 고대 역사가들의 예수에 대한 기
록과 오시리스의 신화를 이중 왜곡하는 것이므로 현혹되지 말
아야 할 것이다.

4. 기독교가 신화적 예수를 역사적 예수로 각색한 것이 아니라, 영지주의가 역사적 예수를 신화적 인물로 각색한 것이다

바울마저도 예수를 역사적인 인물이 아니라 신화적인 인
물로 보았는데, 악명 높은 콘스탄틴 황제가 313년 기독교를
공인한 후 그의 신하였던 유세비우스(『교회사』, 성요셉출판사,
1985)라는 역사가를 시켜 오시리스-디오니시우스 신앙을 말
살하고 신화적인 인물인 예수를 역사적 인물로 각색한 것은
'거대한 음모의 결과'였다고 주장한다(35쪽). 그러나 이러한
주장이야 말로 바울의 생애와 유세비우스 시대의 역사를 저자
들이 마음대로 각색한 '웃기는 음모의 결과'이다.

바울은 로마서 서론에서 예수를 가르켜 "육신으로는 다윗

의 혈통에서 태어나신(generatio) 분이며, 영으로는 죽은 자 가운데서 부활하신(ressurectio) 분"(롬 1:3-4)이라고 하였다. 예수는 오시리스 신화처럼 '인간의 탈'을 쓴 가현적인 인간이 아니라 역사적 실존 인물이었다. 그리고 오시리스처럼 해마다 반복하여 재생하는 존재가 아니라, 죽은 자 가운데서 단 한 번 부활하신 분임을 분명히 하였다.

더군다나 4세기의 기독교 역사가 유세비우스가 신화적 인물 예수를 역사적 인물로 각색했다는 주장은 한심하기 짝이 없다. 유세비우스 보다 200년 전에 이미 예수는 역사적 인물로 기록되었다는 것은 역사적 상식이기 때문이다.

주후 70년을 전후하여 예수의 역사적 생애를 기록한 4복음서 외에도 유대 역사가 요세푸스가 주후 76-79년 사이에 쓴『유대고대사』와『유대전쟁사』나, 로마의 역사가 타키투스(P. Cornelius Thakitus 주후. 55/56-120년경)가 쓴『연대기』(15.14. 3.)에서도 유대 총독 빌라도에 의해 나사렛 사람 예수가 십자가에 처형당한 것이 기록되어 있다. 주후 170년경 헬라의 풍자 작가인 루시안(Lucian)도『페레그리네의 죽음』이라는 저서에서 예수가 "십자가에 달려 죽은 현자"(賢者)라고 기록하고 있다. 이러한 역사적 기록을 부정하고 예수를 신화적 인물로 주장하는 만용은 통탄할 일이다.

역사적으로 보면 기독교가 신화적 예수를 역사적 예수로 각색한 것이 아니라, 그 반대로 영지주의가 역사적 예수를 신화적 인물로 각색한 것이라는 사실은 종교학자들에게는 상식으로 통하는 견해이다. 이 책은 이러한 종교학적 상식조차 결여한 것으로 비판받아 마땅하다.

5. 예수의 부활은 죽은 자의 부활이며, 산 자의 영적 부활(해탈) 이 아니다

이 책은 1945년 이집트의 나그함마디에서 발굴된 4세기의 사본으로 확인된 영지주의자들의 문서 총 52권 중 일부를 인용하면서 예수는 고통을 겪지도, 피를 흘리지도, 죽지도 않았으며, 따라서 "죽음으로부터 부활한 것"이 아니라고 적고 있다. 특히 영지주의 문서인 「빌립 복음서」에 기록된 "먼저 죽고 난 다음에 다시 살아난다고 말하는 사람들은 틀렸다.… 죽고 나서 부활하는 것이 아니라, 그들이 살아 있는 동안 부활해야

만 한다"는 영적 부활론을 기독교의 본래적인 가르침이라고 주장한다. 이러한 영적 각성을 통한 영적 재생은 미스테리아 신앙의 핵심이며, 득도나 해탈과 같은 선불교적 특징과 유사성이 있기 때문에 동·서양의 가장 보편적인 신앙이라는 것이다.

그러나 바울은 고린도교회 내에도 이러한 영적 부활론자들이 존재하여 부활 신앙에 대한 혼란을 가중시킨 것을 질책하였다. "어찌하여 여러분 가운데 더러는 죽은 사람의 부활이 없다고 합니까? 죽은 사람의 부활이 없다면, 그리스도께서도 살아나지 못하였을 것입니다"(고전 15:12-13)라고 하였다. 그렇다면 "우리의 선포도 헛되고 우리의 믿음도 헛될 것"이라고 하였다. 바울은 영적 부활이나 영혼불멸설을 주장하지 않고, 죽은 자의 몸의 부활을 가르쳤다. 바울이 영지주의자였다는 저자들의 주장이 틀렸음을 증거하는 것이다.

저명한 신학자인 몰트만은 『십자가에 달리신 하나님』(한국신학연구소, 1979)이라는 책에서 희랍의 미스테리아 신앙과 영지주의의 신관과 성서의 하나님 신관 사이의 결정적인 차이점을 명쾌하게 제시하였다.

고대 희랍 신화에 나타나는 신은 고난과 죽음을 겪지 않는

'무감정의 신'(God of Apathos)이다. 고난을 당하거나 죽는 신은 육체의 굴레에 얽매여 있는 가멸적(可滅的) 존재이므로 더 이상 신일 수 없다.

그러나 성서에 의하면 하나님이 육체를 지닌 인간으로 태어나서 많은 고난을 당하고 마침내 십자가에 달려 죽으셨다고 가르친다. 이는 희랍인들에게 너무나도 낯선 신앙이다. 히브리의 하나님은 이스라엘 백성의 고난을 하감하시고 그 부르짖음을 들으시고 고난당하는 백성과 함께 하시는 '인정이 많으신 하나님'(God of Pathos)이다.

사랑의 하나님이기 때문에 사랑하는 자의 고난과 죽음에 동참하시므로 그 고난과 죽음을 극복하시는 하나님이다. 하나님께서 십자가에 달리신 사건은 바로 고난 받으심으로 고난을 극복하시는 하나님의 구원사역의 결정적인 계시이다. 우리를 위하여 고난 받으심으로 우리의 모든 현실적인 고난에 항거하시고 고난을 극복하시고 승리하신 것이다. 그래서 몰트만은 "부활 신앙이 아닌 기독교 신앙은 기독교적인 것도 아니고 신앙이라고 일컬을 수 없다"고 단언하였다.

20세기 대표적인 신학자 칼 바르트도『죽은 자의 부활』(한국신학대학출판부, 1989)이라는 책에서 기독교의 부활 신앙은 산자의 영적 부활이나 영혼불멸이 아니라 ‚죽은 자의 부활'인 것을 분명히 하였다.

그러나 영지주의자들은 고난당하는 신을 받아들일 수 없었기 때문에 예수의 육체적인 죽음과 죽은 자의 부활을 거부함으로써 기독교 신앙을 크게 왜곡한 것이다. 그래서 하르낙은 2세기에 기독교가 영지주의적 왜곡을 극복하지 못하였다면 세계적인 종교가 되지 못하였을 것으로 단언하였다.

6. 영지주의는 본래적 기독교가 아니라, 역사적 기독교를 영적 기독교로 왜곡한 적(敵) 그리스도(Anti-christ)이다

이 책은 '미스테리아' 신앙을 받아들인 영지주의 기독교가 본래적인 기독교라고 거듭 주장한다. '밀교 신앙'이 고대 유럽의 민중들 사이에 널리 퍼진 것은 사실이다. 역사적으로 보면 이러한 신앙이 기독교인들에게도 큰 영향을 주어 역사적 예수의 죽음과 부활에 대한 기독교 신앙을 밀교 신앙과 혼합하여 영지주의 기독교가 등장한 것이다.

영지주의의 주장을 조금만 살펴보면 저자들의 가설이 전도된 것임을 알 수 있다.

145년경 영지주의자 마르키온(Marcion)은 구약의 천지(물질)와 인간(육체)을 창조한 여호와는 열등한 신이며, 신약의 영혼의 아버지 하나님과는 다른 신이라고 주장하고 예수가 육신으로 태어나 고난 받고 죽은 것을 부정하였다.

2세기 기록으로 보이는 영지주의 문서인 「도마복음서」 25절에는 예수가 "형제를 여러분 자신의 영혼처럼 사랑하라"고 가르쳤다고 한다. 영지주의에 의하면 육체로 말미암아 고통과 죽음이 유래된 것이기 때문에 육체를 사랑해서는 안 된다. 그래서 "이웃을 네 몸같이 사랑하라"(마태복음 19장 19절 병행)는 예수의 가르침을 영지주의식으로 왜곡한 것이다.

그래서 로마교회에서는 사도신경을 통해 영지주의를 반박하기 위해 전능하사 천지를 창조하신 하나님이 바로 아버지 하나님과 같은 하나님이시며, 예수는 동정녀 마리아에게서 나시고 빌라도의 고난을 받으시고 십자가에 달려 죽으신 것으로 고백한 것이다.

그리고 신약성서 요한2서 1장 7절에는 "예수 그리스도께서 육체로 임하심을 부인하는 자들" 즉, 영지주의자들을 가리켜 "미혹하는 자요 적그리스도"(anti-Christ)라고 하였다. 이처럼 영지주의자들은 그리스도는 육체로 오신 분이 아니기 때문에 고난도 죽음과 함께 당하지 않는다고 왜곡한 것을 바울은 "다른 예수, 다른 영, 다른 교훈"(고후 11:4)을 가르치는 것으로 분명히 거부하였다.

그래서 예수의 생애를 역사 비판적으로 접근하는 '예수 세미나'의 대표적인 신학자 펑크(R. Funk, 『예수에게 솔직히』, 1999, 120-130쪽)조차도 나그함마디 문서 중 「도마복음서」만이 예수의 말씀이 40%의 정도로 병행하여 나타나지만, 「구세주와의 대화」에는 요한복음에 나오는 대화와 병행을 이루고 있으나, 예수의 말씀은 실제로 단지 한 구절(11:4)뿐이라고 한다. 그 외에 「야고보의 비밀 복음」, 「진리 복음」, 「빌립보 복음」, 「이집트인들의 복음」에는 예수가 한 말씀과 유사한 것은 있지만 예수의 말씀으로 역사적 진정성이 있는 것은 하나도 없다고 단언하였다. 영지주의자들이 이처럼 예수의 역사적 가르침과 본래적 신앙을 완전히 왜곡한 것이다.

7. 기독교 신앙은 영지주의자들의 은밀한 밀교(미스테리아)가 아니라, 공개적인 복음으로 선포된 사도전승이다

영지주의자들의 신앙의 핵심은 영육이원론이다. 인간은 육체를 가지고 있기 때문에 온갖 고난을 당하고 마침내 죽게 된다는 것이다. 따라서 인간은 육신의 감옥 속에 갇힌 영혼을 해방시킴으로써 구원에 이른다고 하였다. 구원의 구체적인 방식이 비밀스러운 영적 지식(gnosis)을 깨닫는 것이며, 이 영적 지혜는 소수의 선택된 영지자들에 의해 비밀스럽게 전승되기도 하였다.

이러한 미스테리아 신앙은 밀교의 전형적인 형태이다. 종교학자들은 종교를 밀교(密敎)와 현교(顯敎)로 나눈다. 밀교는 교리와 제도와 의식이 이중적이다. 공개되는 부분과 비공개적인 부분이 있다. 통일교가 이러한 밀교의 성격을 지니고 있어 핵심적인 교리와 제도와 의식은 핵심 내부인들에게만 은밀히 알려져 있다. 외부의 직접적인 비난이나 공격을 피하기 위한 수단일 것이다. 『예수는 신화다』의 저자도 이 점은 인정하였다.

그러나 예수께서는 "내가 드러내 놓고 세상에 말하였노라 모든 유대인들이 모이는 회당과 성전에서 항상 가르쳤고 은밀하게는 아무 것도 말하지 아니하였다"고 하였다. 기독교는 처음부터 예루살렘 성전과 회당에서 공개적으로 유대인들에게 "너희가 못박아 죽인 이 예수를 하나님이 다시 살려서 우리의 주와 그리스도가 되었다"(행 2: 23-24, 36)고 선포하였다. 바울도 예수가 "십자가에 달려 죽으시고 장사 지내시고 부활하시고 다시 살아나셨다"(고전 15:3-4)고 하였다. 기독교 신앙의 핵심적인 신앙에 대한 최초의 기록에 해당하는 이 내용은 "내가 전해 받은 것을 너희에게 전하는 것"(고전 15:1)이라고 하였다. 그래서 초대교회 이레네우스는 「이단 반박」이라는 방대한 저술을 통해 예수 그리스도의 복음은 '공개적인 사도전승'이지만, 영지주의의 영지(gnosis)는 '은밀한 비밀 전승'이라는 점에서 결정적인 차이가 있다고 주장하였다.

밀교는 그 은밀한 비공개성 때문에 황당무계한 신앙을 저마다 제멋대로 전수하였고, 이러한 모순된 신앙에 대한 객관적 이성적 비판과 검증의 과정을 거치지 못했기 때문에 역사에서 사라진 것이다.

그러나 기독교는 적대적인 정부와 종교가 지배하는 체제에서도 자신들의 신앙의 진리성을 공개적으로 선포하였기 때문에 엄청난 철학적 비판과 종교적 도전과 정치적 박해를 당하였다. 그럼에도 불구하고 그 신앙의 진리성을 수호하기 위하여 무수한 신실한 신자들이 목숨을 건 순교 끝에 역사적인 종교로 세계화의 기틀을 마련할 수 있었던 것이다.

그리고 은밀한 밀교는 불교처럼 엘리트적인 소수만의 득도를 통해 영적 각성에 이르는 것을 우월한 것으로 여겼다는 점도, 예수가 가난하고 무지하고 병들고 사회적으로 소외된 자들의 구원을 위한 대중적인 신앙을 표방한 것과 결정적으로 다른 측면이라고 할 수 있다.

8. 저자들의 주장은 명확성과 일관성이 부족하고 상호모순 투성이다

『예수는 신화다』의 저자들의 주장을 자세히 읽어 보면 논리적 일관성이나 명확성이 부족하며, 자체 모순이 가득 차 있음을 알 수 있다. 그 구체적인 사례 하나만을 들어보자.

주후 3세기의 한 부적의 그림을 근거로 "십자가에 못 박힌 사람은 예수로 착각하기 쉽지만 사실은 이교도 신인 오시리스-디오니수스였다"(85쪽)고 했다가, 그 다음 페이지에서는 "최초의 십자가상에 나타난 예수는 곧 오르페우스였다"고 하였다. 그리고 다른 곳에서는 영지주의 문서인 『옹호자 도마의 책』을 인용하면서 예수와 모든 점에서 닮은 도마라는 "예수의 쌍둥이 형제가 대신 십자가에 못 박혀 죽었다"(185-186쪽)고 주장한다. 그리고 몇 페이지 뒤에는 영지주의 문서인 『위대한 세트 신의 두 번째 이야기』를 인용하면서 "십자가에 매달려 죽은 것은 (예수의 십자가를 대신 지고 간) 구레뇨 사람 시몬이다"(189쪽)고 하였다. 그렇다면 진짜로 십자가에 죽은 자는 누구인가? 오르페우스인가, 도마인가, 구레뇨 시몬인가? 예수 시대에 십자가에 처형된 사람이 수만 명이지만 오직 예수의 십자가만이 결정적이고 차별적인 의미를 지닌다는 사실을 저자는 아는지 모르겠다.

이 책의 핵심적인 내용이 예수가 십자가에 달려 죽었다가 문자 그대로 죽은 자가 부활한 것이 아님을 주장하려는 것임에도 불구하고, 실제로 십자가에 달려 죽은 자에 대해 이처럼 오락가락하는 주장을 내세우는 것을 보면 저자들의 지적 수준이 의심스럽지 않을 수 없다.

이런 정도의 한심한 책을 처음 출판한 동아일보사는 이 책의 문제점을 인정하고 절판을 결정하였는데, 번역자는 일반인들의 호기심을 자극시키는 "왜 한국교회는 이 책을 그처럼 두려워하는가?"라는 문구를 띠지에 적어 다시 출판한 것은 심히 유감스러운 일이 아닐 수 없다.

03_

루벤슈타인,『예수는 어떻게 하나님이 되셨는가』의 예수 신성 부정론을 반박한다

1. 예수의 신성 부정은 유대교의 전형적인 주장이다

미국 조지메이슨 대학의 리챠드 루벤슈타인 교수가 쓴『예수는 언제 하나님이 되셨는가』라는 책이『예수는 어떻게 하나님이 되었는가 ― 로마제국 말기의 참된 기독교를 정의하기 위한 투쟁』(한국기독교연구소, 2004)이라는 제목으로 번역 출판되었다.■

저자는 사회학과 법학을 전공한 유대인으로서 어린 시절

■ 이 글은「현대종교」2007년 7월호에 발표한 글이다.

유대인과 천주교 교인이 뒤섞여 있는 동네에서 자라면서 유대인이라는 이유로 동네 아이들에게 난폭하게 맞은 '예수 이름으로 받은 상처'를 기억하면서 이 갈등을 해소하는 길로서 아다나시우스와 아리우스의 양성론 논쟁에 관한 연구를 착수하였다고 한다.

저자의 기본 논지는 '예수는 결코 무시될 수 없는 존재'이지만, '예수는 하나님의 아들이 아니라 하나의 인간일 뿐'이라는 주장이다. 예수가 하나님으로 믿어지게 된 '때'가 콘스탄틴의 기독교 공인 이후 저 유명한 아다나시우스와 아리우스 논쟁의 전후라는 것이다. 따라서 저자는 기독교가 예수는 '하나님에 가까운 위대한 인간'이라는 아리우스의 입장 대신 예수는 '하나님과 동일 본질'이라는 아타나시우스의 입장을 수용함으로써 예수가 하나님이 되었다는 것이다. 이로 인해 유대인과 기독교의 종교적 갈등이 증폭되었으므로 이러한 갈등 해소를 위하여서라도 예수는 단지 위대한 인간이라는 아리우스의 입장을 다시 복권시켜야 한다는 주장이다. 저자는 갈등 분석과 해결책을 연구소 소장답게 예수의 신성과 인성을 유대교와 기독교의 '종교적 갈등의 원천'으로 규명하고 그 해결을 위해 기독교가 예수의 신성을 포기할 것을 요구한다.

저자가 예수의 신성에 대한 기독교의 신앙을 포기하라는 것은 기독교의 정체성을 포기하라는 주장이다. 세계교회협의회(WCC)는 1961년 뉴델리 선언을 통해 "성경이 증거 하는 바 대로 주 예수께서 하나님과 구세주이심을 고백하며, 따라서 성부 성자 성령 한 하나님의 영광으로 부르심을 받은 공동의 소명을 함께 성취하고자 노력하는 교회들의 협력체"라고 선언하였다. 가장 진보적이고 개방적인 WCC조차 예수를 하나님으로 고백하여야 기독교라고 단언한 것이다. 왜냐하면 성서가 "예수께서 그리스도이심을 부인하는 자"와 "아버지와 아들을 부인하는 자"(요1서 2:22) 즉 예수의 하나님 아들 되심과 그 신성을 부인하는 자는 '적그리스도'라고 규정하고 있기 때문이다.

따라서 기독교와 유대교의 갈등을 해소하기 위해 기독교 인들이 먼저 예수의 신성을 포기해야 한다는 주장은 유대교가 먼저 예수의 신성을 인정해야 한다는 기독교인들의 주장처럼 일방적인 논리이다. 역사적으로 보아도 기독교와 유대교의 갈등은 기독교가 예수의 신성을 주장한 데에만 있는 것이 아니다. 훨씬 복잡한 요인들이 즐비하다. 그리고 종교다원주의 시대를 맞이하여 예수의 신성을 상호 인정하면서도 얼마든지 갈등을 해소할 수 방법이 무엇인가를 찾아야지 일방적으로 예수의 신성 포기만을 요청하는 것은 시대착오적인 발상이다.

2. 예수는 하나님의 아들이라 하여 유대교에 의해 신성모독자로 처형되었다

저자의 뼈아픈 체험에는 동감한다. 역사적으로 기독교 득세하면서 유대교를 박해한 과오에 대해서 기독교가 철저히 회개하여야 한다. 특히 2차 세계대전 동안의 히틀러의 만행에 대해서는 할 말이 없다. 이런 의미에서 저자의 종교적 갈등 해소에 대한 열정은 충분히 공감하고 기독교인들 역시 타종교에 대해 열린 자세를 가져야 할 것이다.

그러나 역사란 늘 양면성이 있는 것이다. 예수와 그의 추종자들은 사실 유대교에 의해 희생된 자들이다. 예수가 체포되어 유대인의 법정에서 신성모독자로 정죄되고 결국 처형되었고, 예수를 그리스도라고 고백하는 예수의 추종자들은 모두 회당에서 추방되었다. 스데반의 순교 이후에는 더 많은 예수의 추종자들이 멀리 다메섹으로 도피하여야 했다. 네로 이후 로마의 정치적 박해가 있기 이전에 기독교는 유대교의 일파이기를 거부하였기 때문에 유대교의 박해의 대상이 되었던 것이다. 그리고 기독교가 득세하자 유대교에 의해 박해받은 기독교인들은 유대인들을 박해하기 시작하였고, 마침내 독일의 히틀러에 의해 유대인들이 엄청나게 학살되었으니 참으로 통탄할 '박해의 악순환'이 계속되고 있는 것이다.

예수는 대제사장 서기관 장로가 파송한 무리에게 체포되었다. 대제사장과 온 공회(公會)가 예수가 자신을 '찬송 받을 이(하나님의 은유적 표현)의 아들 그리스도'라고 주장한 것은 참람(僭濫)한, 즉 신성모독의 범죄에 해당한다고 보았기 때문이다. 당시의 후기 유대교의 입장에서는 예수가 성전을 모독하고 율법을 모독하는 것보다 스스로 하나님의 아들이라 자처하며 하나님과 같은 신적 권위와 신적 권능을 가지고 가르치고 행동하는 것은 그들이 믿어온 '유일신 하나님'을 모독하는 심각한 신성모독의 죄에 해당되었다.

본서의 저자뿐 아니라 예수 시대의 유대인들도 예수의 신성을 용납할 수 없었던 것이다. 신성모독자로 정죄된 것이 예수의 십자가 처형의 역사적 외적 원인이었다. 그러나 예수가 하나님처럼 말하고 행동하여 신성모독으로 처형되었다는 것이야 말로 역사적 예수의 언행이 하나님과 같았다는 부정할 수 없는 역설적 증거가 되는 것이다.

3. 4세기가 아니라 서기 50년대 초에 예수는 하나님으로 고백되었다

저자가 4세기 아다나시우스 등에 의해 예수가 하나님이 되었다고 주장하는 것은 역사적으로도 명백한 오류이다. 예수는 자기 자신을 '하나님의 아들'로 자각하였고 베드로를 비롯한 제자들도 예수를 '하나님의 아들'로 고백하였다. 예수가 하나님 아버지의 버림을 받고 십자가에 처형되었으나 하나님께서 그를 다시 살리셨고, 부활하신 예수는 12제자와 여러 추종자들에게 나타나 보이셨다.

이 부활 사건 이후는 예수를 하나님의 아들로 고백하던 신앙이 자연스럽게 "예수는 하나님이 인간이 되신 분"이라는 신앙을 확장되었고, 마침내 예수 바로 그분이 "나의 주 나의 하나님"(요 20:28)이라는 도마의 고백으로 이어졌다. 베드로가 예수에 대해 '당신은 그리스도요 하나님의 아들'이라는 고백한 것과 달리 도마는 예수를 '나의 하나님'으로 고백하였다는 것은 매우 중요하다. 필자가 조사한 바로는 신약성서는 적어도 네 번에 걸쳐 명시적으로 '예수를 하나님'이라고 고백한다.

- 나의 주님이시요 나의 하나님이시니이다(요 20:28).
- 그는 만물 위에 계셔서 세세에 찬양을 받으실 하나님이시니라 (롬 9:5).
- 우리 크신 하나님 구주 예수 그리스도의 영광이 나타나심이라 (딛 2:13).
- 그는 참 하나님이요 영생이시라(요일 5:20).

요한 문서는 1세기 전후의 기록이지만 로마서(56년경)와 디도(51-53년경)는 서기 60년대의 기록이기 때문이다. 적어도 서기 50년대 이후부터 기독교인들은 예수를 하나님이며 동시에 위대한 인간으로 고백하였던 것이다. 따라서 유대인 사회학자인 저자는 성서에서 이미 예수를 하나님으로 고백하고 있다는 사실을 알지 못하는 것이 분명하다.

물론 4세기에 예수가 어떤 의미에서 하나님인가 하는 예수의 신성에 관한 오랜 논쟁 과정에서 희랍철학의 본체론에 입각하여 예수의 신성에 대한 아다나시우스와 아리우스 사이의 동일 본질론과 유사 본질론이 논쟁이 된 것이 사실이다. 그러나 예수가 하나님으로 고백된 것은 예수 부활 직후인 것만은 분명하다. 칼케돈신조 1500주년이 되는 1951년을 기해 영국과 독일학자들이 광범위하게 4세기의 신조들을 재해석하면서 지적한 것처럼 4세기의 논쟁은 성서적 실천적 기독론이 아니라 철학적 사변적 기독론으로 흐른 것이라는 비판이 없지 않았다. 예수의 신성에 대한 희랍철학의 본체론적 설명을 보완하여 아리우스처럼 비본체론적으로 설명할 수는 있겠지만 아리우스조차도 예수 그리스도의 신성 그 자체를 완전히 부정한 것은 아니다.

4. 예수가 하나님과 같은 권위와 권능을 행사한 증거들

저자의 주장은 4세기의 아다나시우스나 아리우스의 논쟁을 반영하는 칼케돈신조 1500주년 이후 최근 신학자들이 "역사적 예수가 어떻게 하나님의 아들로 등장하고 하나님으로 고백되었는가?" 하는 문제를 다룬다는 사실을 알지 못하고 있다. 역사적 예수에 대한 연구 결과 예수는 하나님 아들로서 소명을 받고 하나님처럼 말하고 행동하였고 그 결과 신성모독으로 죽임 당한 사실들이 더욱 분명해졌다.

1) 아바(Abba) 아버지와 하나님의 아들 예수

예수는 공생애를 시작하면서 세례와 시험을 통해 성령 체험과 동시에 하나님을 아버지로 체험한 것이며, 이는 자신을 하나님의 아들로 소명 받은 것을 드러낸다. 이를 계기로 예수는 신적 권위와 권능을 가지고 가르치고 복음을 선포하고 병자를 치유하였다. 예수는 자신과 하나님 사이의 특수한 관계를 "아버지 외에는 아들을 아는 자가 없고 아들과 또 아들의 소원대로 계시를 받은 자 외에는 아버지를 아는 자가 없느니라"(마 11:27, 눅 10:20)고 하였다.

예레미아스 등 많은 학자들의 주장처럼 예수는 "하나님을 나의 아버지"라고 선포한 최초의 인물이다. 물론 신을 아버지로 상징한 표현은 고대 종교에서도 등장하지만 하나님을 아버지로 그것도 유아적인 표현인 '아바'(Abba)로 기도 중에 호칭한 것은 유대교 전통에도 없는 예수에 의한 전무후무한 사례였다. 예수는 제자들에게 '나의 아버지가 바로 너희의 아버지'이므로 너희가 기도할 때 "하늘에 계신 우리 아버지"에게 기도하라고 가르쳤다.

하나님을 아버지로 부르며 스스로 하나님의 아들이라 칭하고 하나님 아버지의 나라를 선포한 하나님의 사람 나사렛 예수는 제자들에게 아주 강한 인상을 주었기 때문에 베드로는 자연스럽게 "당신은 그리스도요 살아계신 하나님의 아들입니다"(마 16:16 병행)라고 고백할 수 있었던 것이다.

2) 죄사함의 권세

예수는 하나님과 같은 권위와 권능을 가지고 가르쳤다. 그의 가르친 가운데는 하나님만이 선포할 수 있는 내용이 포함되었다. 예수는 많은 병자를 치유하면서 "네 죄가 사해졌다"고 사죄 선언을 하여 유대 지도자들을 분노케 하고 유대인들을 경악케 하였다. 심지어 사죄 선언을 시비하는 유대인들에게 "인자는 땅에서 죄를 사하는 권세를 가지고 있다"(막 2:10, 눅 5:24)는 사실을 스스로 확인하여 주었다.

지금도 그러하지만 당시의 유대인들은 죄를 사하는 권세는 오직 하나님에게만 있는 것으로 확신하였다. 예수 역시 유대교의 이러한 전통 안에서 자랐음에도 불구하고 하나님과 동등하게 죄 사함의 권세를 가졌다고 주장하였고, 동시에 그의 추종자들도 그렇게 믿었던 것이다. 이일로 예수는 신성모독자로 고발되었고 실제로(de facto) 신성모독자로 처형당한 것이다.

3) "진실로 진실로 내가 네게 말한다"는 언설의 사용

예수가 하나님과 같은 권위를 주장한 것은 사용한 언설 양식에서 찾아 볼 수 있다. 예수는 그의 말의 권위를 드러내기 위해 "진실로 진실로 내가 네게 말한다"는 어구를 여러 번 사용하였으며 그 역사적 진정성도 확인되었다. '진실로'라는 말

의 원어가 'Amen'이어서 이 독특한 언설 양식을 '아멘 양식'(Amen Formular)이라 한다. 이는 예언자들의 '메센저 양식'(Messenger Formular), 즉 "야웨가 이렇게 말했다"와 유비되는 양식으로서 예외 없이 예수 자신의 말씀을 소개하거나 보증하는데 사용되었다. 예언자들은 하나님의 말씀의 대언자로서 "야웨가 이렇게 말했다"거나 "이는 야웨의 말씀이다"는 사실을 밝히는 언설 양식을 통해 하나님의 권위에 의존하여 대언하였지만 예수는 전적으로 달랐다. 예수는 스스로 하나님과 같은 권위를 가지고 하나님이 말씀하시듯이 "나는 너희에게 말한다"는 언설 양식을 사용한 것이기 때문이다.

4) 율법의 폐기와 새로운 해석

예수는 하나님의 아들로서 하나님과 같은 권위를 가지고 율법을 새롭게 해석하였다. 또한 예수는 옛 율법을 폐기하거나 강화하여 새로운 율법을 가르쳤는데(마 5:21-48), 이를 구약의 율법에 대한 6반제(anti-these)라고 한다. 하나님께서 모세에게 준 십계명을 포함한 율법을 폐기하거나 강화하여 새롭게 제시하는 것은 모세 이상의 권위 즉, 하나님과 같은 권위를 암시하는 것으로써 사람들에게 놀라움을 자아내게 하였다. 케제만(E. Kasemann)도 "하나님의 계명을 폐지시킬 수 있는 분은 하나님과 동일한 단 한분이다"고 하였다.

5) 안식일의 주인

예수는 놀랍게도 하나님과 같은 권위를 가지고 "인자는 안식일의 주인"(마 2:28 병행)이라고 선언한다. 예수가 종말론적 메시아의 권위를 가지고 하나님이 창조 시 만드시고 시내산 계약 조문을 통해 제정하신 안식일의 실제 주인이 자기 자신이라고 주장했다면, 이 역시 예수가 생전에 자신의 신적인 권위를 드러내는 또 다른 증거라는 것이 타이센의 주장이다. 안식일을 지키면 안식일이 우리를 지켜준다고 믿었던 후기 유대교인들에게 예수가 안식일에 병자를 고치는 등 안식일 규범을 과감히 범하는 것은 하나님을 모독하는 일로 여겨진 것이다. 이 역시 하나님과 같은 권위와 권능을 주장하지 않고는 행할 수 없는 일이었다.

6) 성전을 멸망의 예고

예수가 "성전을 헐라"고 주장하고 "성전이 무너질 것이다"
고 예고한 것은 예수가 체포되어 산헤드린의 재판을 받을 때
가장 중요한 죄목으로 지목되었다(막 14:58, 마 25:61). 유대인
들은 성전을 하나님의 전으로 의심없이 이해하여 왔으므로,
성전 모독은 하나님 모독과 같은 범죄에 해당하였다. 그래서
십자가 처형 시 예수가 "성전을 헐고 사흘에 짓는 자"로 불렸
고, "네가 만일 하나님의 아들이어든 자기를 구원하고 십자가
에서 내려오라"(막 15:29, 마 27:40)고 조롱 받는 빌미가 되었
다. 예수 당시에는 그 누구도 감히 하나님의 성전의 멸망을 예
고할 수 없었다. 그런데 예수가 '하나님의 성전의 멸망'을 선언
한 것으로 보아 예수는 하나님과 동등한 권위를 자각하고 있
었음을 확인할 수 있다.

7) 성만찬의 제정

예수의 마지막 만찬은 성전 제사를 대체하는 새로운 제의
를 창시하는 행위였다. 타이센과 메르츠는 예수가 성전 제의
의 종말론적 변혁을 추구하였으며 옛 성전 제의를 종식시키고

새로운 제의를 창시하였는데, 그것이 바로 세례와 성찬이라고 하였다. 세례는 최후 심판을, 성만찬은 종말론적 만찬을 미리 맛보는 것이다. 타이센은 이런 점에서 "세례는 사실상 (유대교의) 성전 제의에 도전하는 경쟁적 의미의 예식이다. 성만찬은 사실상 '희생 제의'를 대체하는 예식이다"고 한 것이다. 예수는 최후의 만찬에서 자신의 죽음을 새 계약의 표식(눅 22:20)으로 선언하였다. 하나님이 이스라엘 백성과 맺은 옛 계약을 새로운 계약으로 대체하는 것 역시 하나님과 동등한 권위를 가지지 않고서는 불가능한 행위이다.

이처럼 4세기가 아니라 1세기 중엽 이후부터 기독교인들은 예수를 위대한 인간 이상의 존재로, 하나님이 아니면 할 수 없는 말과 행동을 한 하나님의 아들로 그리고 하나님으로 고백한 것이다. 그러므로 1세기에 유대교 입장에서 기독교를 수용한 에비온파 이래로 '하나님은 한 분'이라는 유일신 신앙에 충실한 유대교는 예수의 신성과 삼위일체론을 부정할 수밖에 없었으니 저자의 주장은 새삼스러울 것도 없다. 그런데 이 책이 주목받는 이유는 반유대주의에 의해 피해 입은 유대인 학자가 자신의 체험을 바탕으로 기독교 교리의 문제점을 다루면서 히틀러의 유대인 학살의 만행에 대해서 서구 기독교가 공동 책임이 있다는 논리를 펴기 때문이다. 그러나 히틀러의 만행은 예수의 신성을 강조하는 기독교의 배타성에 있는 것이 아니라, 바르트가 중심이 되어 독일 고백교회가 바르멘 선언에서 언급한 것처럼 히틀러 자신이 주 예수 그리스도를 부인하고 자신이 세상의 주(das Herr)요 심판자로서 메시야라고 주장한 반기독교적 작태에서 비롯되었다는 점을 잊지 말아야 한다.

04_

타 보 르 , 『예 수 왕 조 』의 로 마 군 인 판 테 라 의
사 생 아 설 을 반 박 한 다

최근 출판된 제임스 D. 타보르가 쓴『예수 왕조』(김병화 옮김, 현대문학, 2007)는 여러 안티 기독교적 서적에 자주 등장하는 예수의 로마 군인 판테라 사생아설을 가장 그럴듯하게 전개하여 여러 사람들을 현혹시키고 있다. 신학을 공부한 적이 있는 김용옥 씨 마저 2000년 KBS 1TV에서 '도올의 논어 이야기'를 진행하다가 '예수, 사생아'라고 발언하기도 하였다. 먼저 저자가 제시하는 논지에 따라 예수 사생아설의 허구를 반박한다.

1. 로마 군인 판테라의 사생아설의 날조가 증폭된 까닭

첫째, 이 책은 기본적으로 예수가 아버지인 로마 병사 판테라와 마리아 사이의 사생아일 확률이 높다는 켈수스(Celsus)의 주장에서 출발한다. 헬라 철학자 켈수스는 최초의 안티 기독교 서적인 『참 진리』(178년)에서 예수가 간통으로 태어났는데 이를 감추기 위해 성령으로 잉태한 것처럼 꾸민 것이라고 하였다(96쪽).

그러나 켈수스의 이러한 가설은 이미 초대 교부인 오리겐의 『켈수스 반박』(247년경)이라는 책을 통해 알려진 것이고 낱낱이 반박된 낡은 주장이다.■ 오리겐은 여러 근거를 들어 켈수스의 거짓되고 맹목적인 "날조가 성령에 의한 신비한 잉태를 뒤집을 수는 없다"고 세세히 반박하였다.■■

성서신학자 부루스와 클라우스너는 로마 군인 '판테라'(Panthera)는 '처녀'를 의미하는 헬라어 파르테노스(parthenos)의 와전(訛傳)이라고 한다. "처녀(parthenos)가 잉태하여 아

■ 허호익(2003), 『예수 그리스도 바로보기』, 한들, 138 이하. 참조.
■■ Origen, *Against Celsus I,* xxxii, 410.

이를 낳으리니"(마 1:23)라는 말씀에서 유래한 '파르테노스(동정녀)의 아들'이라는 표현에서 r과 n의 위치를 바꾸어 '판테라(Panthera)의 아들'로 변조되었다.■ 그리고 라틴어 판테라(Panthera)는 표범을 뜻하며(표범의 學名이기도 하다), 당시 로마 군인에게는 흔한 이름이었기 때문에 '로마 군인 판테라의 아들'로 변조되었고 그래서 사생아설로 증폭된 것이다. 이는 지금도 일부 안티 기독교 네티즌들이 기독교를 '개독교'라고 변조하여 비난하는 것과 같은 방식인 것이다.

둘째, 초기 랍비 문서와 탈무드에 '판테르(Panter)의 아들 예수'라는 기록이 모두 세 번 있는데, 판테르는 판테라와 같은 말이므로 예수의 아버지가 '판테라'라는 증거라고 한다. 그러나 저자 타보르도 밝혔듯이 판테르는 흔한 이름으로 유사한 것으로 판테라, 판데라, 판티리, 판테리 등이 있었다(97쪽). 그리고 예수라는 이름 역시 당시에 아주 흔했다. 유대 역사가 요세푸스의 『유대고대사』와 『유대전쟁사』에서 수십 명의 동명

■ F. F. Bruce(1980), 『성서 밖에서 본 예수와 기독교의 기원』, 컨콜디아사, 59; J. McDowel & B. Wilson(1991), 『예수님은 실존 인물인가?』, 생명의 말씀사, 97-98.

이인(同名異人)인 예수(예수아, 여호수아)가 등장한다고 한다.

무엇보다도 랍비 문서와 탈무드에 나오는 '판테르'는 유대인일 가능성이 더 높으며 '로마 군인 판테라'를 지칭한다는 결정적인 증거가 없다. 그리고 이 '판테르의 아들 예수'가 곧 '나사렛 예수'라는 증거도 전무한 것이다. 단지 흔하디 흔한 판테라와 예수라는 이름이 함께 나오니까 후대의 안티 기독교 저자들이 켈수스의 로마 군인 판테라설과 억지로 관련시켜 예수 사생아설의 날조의 근거로 삼으려고 한 것이다.

셋째, 4세기의 교부 에피파니우스가 요셉의 아버지를 '야곱 판테라'(Panthera)라고 칭한 것과 다마스커스의 요한이 마리아의 증조 할아버지를 '판테라'라고 한 것을 또 다른 증거로 제시한다(98쪽). 이 경우 예수는 친가나 외가로 보아도 '판테라의 자손(아들)'이 된다는 것이다.

그러나 성서학자 부루스는 '판테라의 아들'(Ben ha-Pantera)은 '표범의 아들'을 의미하는데 전투적인 열심당에 대한 로마인들의 경멸적인 표현이라고 한다. 아마 예수의 조부도 갈릴리 출신으로서 열심당 운동에 가담한 용맹한 전사로서 '표범의 아들'로 불린 전승이 있었을 것이라고 한다.▪ 따라서 예수가 유대인 '판테라의 자손'이라는 말이 '로마 군인 판테라의 아들'로 둔갑하여 경멸적으로 와전되었을 가능성도 전혀 배제할 수 없다.

어쨌든 저자가 인용한 에피파니우스와 다마스커스의 요한 기록이 역사적 사실이라면 예수는 유대인 '판테라의 손자'가 되므로 로마 군인 판테라의 아들이 아니라는 결정적인 증거가 되는 것이다.

넷째, 샤를 클레르몽 간노가 1891년 예루살렘 구 시가지에서 '판테로스의 아들 요세푸스(요셉)'라는 이름이 쓰인 유골 상자를 발견한 것을 제시한다.

그러나 저자도 판테라 또는 요셉이라는 이름이 흔하므로 이 묘비가 "예수의 아버지의 묘비일 가능성은 거의 제로에 가깝다"(108쪽)고 하였다.

다섯째, 독일 역사가 아돌프 다이스만이 "판테라라는 이름"(1906)이라는 짧은 글에서 1859년 나헤강 부근의 로마 묘지에서 발굴한 로마 병사 입상에 쓰인 비문에 예수와 동시대

■ F. F. Bruce(1980), 59.

인물인 "티베리우스 율리우스 압데스 판테라(Tiberius Julius Abdes Pantera)"■라는 이름이 발견되었다고 한다.

그래서 저자는 결론적으로 "예수의 아버지가 누구인지 여전히 밝혀지지 않았지만 그의 이름이 판테라일 가능성이 있으며, 만약 그렇다면 그가 로마 병사일 가능성은 상당히 높다"(108쪽)고 주장한다.

그러나 간노가 발견한 유골상자에 쓰인 '판테로스의 아들 요셉'이 예수의 아버지 요셉일 가능성이 제로라면, 다이스만이 발굴한 비문의 로마 군인이 '판테라' 역시 팔레스타인에 원정 가서 기원전 4년경 나사렛에서 마리아를 만나 불륜을 맺고 예수를 낳게 했을 가능성 역시 제로에 가까운 것이다. 이처럼 반기독교 저자들은 판테라의 이름만 나오면 이를 켈수스가 날조한 로마 군인 판테라와 관련시켜 온 것이다.

여섯째, 예수가 유대인에게 "우리가 음란한데서 나지 아니하였고"(요 8:41)라고 한 말씀은 자신이 사생자인 사실을 숨기

■ J. McDowel & B. Wilson(1991), 98. "페니키아의 시돈 출신 궁수, 티베리우스 율리우스 압데스 판테라(Tiberius Julius Abdes Pantera)는 AD. 9년 독일에서 근무하도록 전보되었다."

기 위한 변명의 근거라고 한다. 그리고 위경「빌라도행전」과
「도마복음서」에도 예수가 사생아로 비난 받은 듯한 기록이 있
다고 한다.■

그러나 요한복음의 본문은 전후 문맥으로 보아 사생아 출
생에 대한 변명이 아니라 성령을 통해 거듭난 삶의 증언으로
해석되어야 한다. 그리고 예수에 대한 반대자들의 왜곡된 비
난은 한두 가지가 아니었기 때문에 사생자라는 비난의 가능성
은 있어 보인다. 하지만 저자도 밝혔듯이 예수가 사생아로 태
어났다고 비난받은 것이 사실일지라도, 실제로 사생아로 태
어났다는 역사적 확실성의 증거는 전무한 것이다(96쪽).

무엇보다도 저자의 이 모든 증거는 명백한 자체 모순을 가
지고 있다. 앞에서 언급한 첫째와 다섯째 주장을 따르면 예수
는 '로마 군인 판테라의 사생아'가 되지만, 셋째와 넷째 주장에
의하면 예수는 유대인 친할아버지나 외할아버지인 '판테라의
손자'가 되는 것이다. 그럼에도 불구하고 저자는 예수가 로마
군인 판테라의 아들일 것이라는 결론을 유도하기 위해 로마

■ M. J. Erickson(1998), 『복음주의 조직신학 중』, 크리스챤다이제스트, 339.

군인과 전혀 상관성이 없는 예수의 유대인 할아버지 이름인 판테라를 제시하여 독자들을 기만하는 것이다.

2. 사생자(私生子)에 대한 유대교의 태도와 예수가 사생자가 아닌 이유

안티 기독교 철학자 켈수스는 예수가 태어난 지 180년이 지나서 그것도 나사렛에서 멀리 떨어진 알렉산드리아에서 기독교를 반대하기 위한 방편으로 '파르테노스'(처녀)를 흔한 로마 군인의 이름 '판테라'(표범)로 바꾸어 예수의 사생아설을 날조하여 퍼뜨린 것임을 주목해야 한다. 그러나 희랍인 켈수스는 예수 당시 유대 사회에서 사생자(私生子)가 어떤 취급을 받았는지 알지 못했다. 그가 당시 사생자에 대한 유대인들의 태도를 알았더라면 예수가 사생자일 가능성을 제기하는 것이 불가능하다는 사실도 알았을 것이다.

유대 공동체에서 사생자(mamzer)는 죽음의 형벌(레 20:10-16)이나 멸망의 형벌(레 17:21)을 받아 마땅한 관계 즉 근친상간이나 간음으로 태어난 후손을 말한다. 신약시대에는 노예의 여인 또는 첩에 의해 태어난 아이에 대해서도 사생자라는 말이 써져 있고(히 12:8), 이들은 가계를 계승할 정당한 권리가 없었다.

예레미아스에 의하면 당시에는 누가 사생자인지 공개적으로 알려져 있었고 족보에 기록되기도 하였다고 한다. 남자 사생자의 후손은 영원히 사생자라는 결함을 벗지 못했고, 공직에 오르지도 못했다.[■] 심지어 사생자라는 단어는 가장 나쁜 욕으로 통했다. 바벨론 탈무드(Qid. 28a)에는 사생자라고 욕한 사람에게 39대의 태형을 선고하도록 하였다.

더군다나 사생자는 가장 비합법적인 이스라엘인으로 여겨 유대 공동체에서 추방되었다. 신명기는 "사생자는 여호와의 총회에 들어오지 못하리니 십대까지라도 여호와의 총회에 들어오지 못하리라(23:2)"고 하였다. 이는 사생자의 후손 여부를 십대까지 철저히 조사했을 역사적 가능성의 근거가 된다.

우선 예수의 적대적 환경에서 활동했고 그의 적대자들이 예수 운동에 대한 비난의 실마리를 찾으려고 애쓴 흔적은 복

■ J. Jeremias(1988), 『예수 시대의 예루살렘』, 한국신학연구소, 423-427.

음서에 잘 드러나 있다. 예수의 출신에 대해 "나사렛에서 무슨 선한 것이 나오겠느냐"(요 1:46)고 비난하고, 예수가 "귀신에 들려 귀신을 쫓아낸 것"(눅 11:15)과 "먹고 마시기를 탐하는 것"(눅 7:34)을 비난하였다. 따라서 예수가 만약 로마 군인 판테라의 사생아였다면 고대 유대 사회의 특성상 예수가 활동하는 동안 사생아라는 소문이 퍼졌을 것이고, 신명기의 율법에 따라 그 사실 여부가 조사되었을 것이고, 사실로 판명되었다면 예수운동은 그 즉시 좌절되고 말았을 것이다. 그러므로 예수가 유대 공동체에서 최악의 취급을 받는 사상자였음에도 불구하고 이 사실이 금방 드러나는 같은 동네의 출신의 추종자들에 의해 '하나님의 아들'로 고백되었다는 것은 도저히 불가능하였을 것이다.

무엇보다도 예수가 사생자로 판명되었다면 합법적인 유대인만이 엄격한 검증을 통해 출입하는 회당이나 예루살렘 성전 방문 자체가 불가능하였을 것이다. 그러나 복음서는 예수가 태어나자 8일 만에 성전을 방문하였고(눅 2:27), 12세 때에도 성전을 방문하였고(눅 2:42), 공생애 동안 세 번이나 예루살렘 성전을 방문하였으며 자유롭게 여러 지역의 회당을 방문하였다고 한다.

그리고 켈수스의 주장처럼 예수가 자신이 사생아인 것을 숨기기 위해 성령 잉태와 동정녀 탄생설을 날조하여 유포했다면, 예수가 차마 자기 입으로 "여자를 보고 음욕을 품는 자마다 이미 마음으로 간음"(마 5:28)한 것이라는 말씀을 선포할 수 없었을 것이다. 이처럼 간음에 관한한 인류 역사상 가장 철저하고 분명한 가르침을 선언한 예수의 영혼의 고결함과 인격의 진실함에 비추어 볼 때 그가 불륜의 자식임을 교묘히 숨겼을 가능성은 전무하다. 그래서 오리겐은 간음을 통해서는 인류를 해치는 방탕과 사악함과 온갖 악덕만을 가져올 뿐이며 절제와 의와 온갖 덕을 가져오지 못한다고 하였다.

끝으로 예수 사후에라도 예수가 사생아라는 것이 사실로 드러났다면 예수가 탄생하고 활동하고 부활하신 나사렛과 예루살렘에서 기독교 운동이 뿌리를 내릴 수 없었을 것이다. 왜냐하면 초기의 기독교 운동은 매우 취약하였기 때문에 예수의 출생에 관한 사생아설이나 예수의 부활에 관한 시체 도적설(마 27:64)이 사실이었다면 기독교 운동을 근절시키는 결정적인 요인이 되었을 것이다. 블롬버그는 "만약 비평가들이 그(예수) 운동이 거짓과 왜곡으로 가득 차 있다고 비난할 수 있었다면 그렇게 했을 것"이며 그 결과는 뻔했을 것이다. "그러나 우리가 알고 있는 바에 의하면 그들은 그렇게 하지 않았다"는 것이다.■

■ Lee Strobel(1998), 『예수사건』, 두란노, 66.

05 _

마이클 베이전트 등, 『성혈과 성배』의
예수 결혼설을 반박한다

복음서에는 예수의 결혼의 여부가 명시적으로 기록되지 않았지만, 여러 정황으로 보아 예수가 독신으로 살았던 것이 분명하다. 그럼에도 불구하고 마이클 베이전트 등은 『성혈과 성배』(1981년 초판)■에서 예수는 막달라 마리아와 결혼하였고 자녀를 두었다는 황당한 주장을 제기하였다. 이 내용은 영국 BBC에서도 다루었고 버밍엄 주교는 이 책의 내용 중 "사실에서 틀린 것이 79개나 있다"고 지적한 바 있다.

■ M. Baigent & R. Leight & H. Lincoln(2005), 이정임 정미나 역, 『성혈과 성배』, 자음과 모음사.

1. 예수는 결혼하지 않았고 가나의 혼인 잔치는 예수의 결혼이
아니다

『성혈과 성배』의 저자들은 유대인들은 "생육하고 번성하
라"(창 1:28)는 명령의 중요성을 강조하였으며, 70년 후에 기
록된 미쉬나에 "결혼하지 않은 자는 랍비가 될 수 없다"는 것
을 근거하여 독신은 비난의 대상이었으므로(446-448쪽) 랍비
로 불린 예수 역시 이러한 규례에 따라 결혼하였을 것이라는
주장이다.

그러나 히브리 대학의 사프라이 교수는 랍비들의 결혼이
절대적인 원칙은 아니었다고 한다. 랍비 토세프타(Tosefta)는
자신의 독신 생활을 명시적으로 기록한 사례들을 제시하면서,
일부 랍비들은 그들의 생도들의 순회 교사로서 여러 해를 집
을 떠나 떠돌아 다녀야 하였기 때문에 때로는 결혼을 하기 위
해서 30세 혹은 40세가 될 때까지 기다려야 했다고 한다.■

저자들은 요한복음에 기록된 갈릴리 지방 가나 마을의 혼

■ J. McDowell & B. Willson(1991), 김진우 역, 『예수는 실존 인물인가』, 생명
의 말씀사, 401-402.

인잔치(요 2:1-11)는 "사실은 예수 자신의 혼인 잔치"(450쪽)라고 주장한다. 그 이유로 예수가 물로 포도주를 만든 것으로 보아 이 잔치의 주도적인 인물인 마리아와 예수는 이 잔치의 혼주(婚主)였다고 추정한다.

그러나 요한복음 본문에는 "예수도 그 제자들과 함께 초대받고 와 계셨다"(2:2)고 한다. 자신의 결혼식에 자신이 초대받는 일이 있을 수 없다.■ 가나의 혼인 잔치 직후 "그 후에 예수께서 그 어머니와 형제들과 제자들과 함께 가버나움으로 내려갔다"(요 2:12)고 한다. 가나의 혼인이 예수의 결혼이었다면 신혼의 아내를 버려두고 갔다는 말이 된다. 있을 수 없는 일이다. 열두 제자가 참석한 이 결혼식이 예수의 결혼이었다면 그 사실이 어떤 형태로든 전승되고 기록되었을 것이다.

무엇보다도 예수의 공생애 중 그의 어머니 마리아가 예수를 찾아 나선 적이 있다(마 12:46-50, 막 3:31-35, 눅 8:19-21)고 기록하였지만, 그의 아내와 자녀가 예수를 찾아 나섰다는 기록은 전무하다.

■ J. McDowell & B. Willson(1991), 513.

2. 여인의 기름부음은 신혼 풍습이 아니라 장례의 풍습이다

저자들은 예수의 몸에 기름을 부은 여인이 예수의 아내라고 한다. 예수는 이 의식을 통해 "'기름부음을 받은 자'를 의미하는 '정당한 메시야'의 전통적 특권"(452쪽)을 갖게 되었다는 것이다. 그리고 몸에 기름을 부어주는 행위는 이집트에서 유래된 유대의 풍습으로 신부가 신랑에게 하는 행위이며, 구약성경의 솔로몬의 노래에도 왕에게 기름을 발라주는 신부의 이야기가 기록되어 있다는 주장을 근거로 제시한다.

기름부음이 신혼 풍습이라는 주장도 복음서의 기록과 일치 하지 않는다. 베다니에서의 기름부음은 혼인잔치를 위한 것이 아니고 예수의 죽음과 장례를 예비하기 위해 향유를 바른 상징적인 행위였다. 그래서 예수도 "이 여자가 내 몸에 이 향유를 부은 것은 내 장사를 위하여 함이니라"(마 26:12, 막 14:8)고 하였다. 따라서 그 향유는 신랑을 위한 것이 아니라 죽은 자에게 바르는 몰약(沒藥)이었다.

또한 기름부음이 신혼의 풍습이라는 주장은 "가나의 혼인 잔치가 예수의 혼인 잔치이었다"는 앞서 언급한 그들의 주장과 상호 모순이 된다. 가나의 혼인은 예수가 공생애를 시작하던 초기에 있었던 일이었고, 베다니의 기름부음은 3년 후 예수가 처형되기 6일 전에 있었던 사건이다. 그러면 예수가 두 번 결혼했다는 말인가?

그리고 가룟 유다가 비싼 향유를 붓는 것을 보고 "이 향유를 삼백 데나리온 이상에 팔아 가난한 자들에게 줄 수 있겠다"고 하며 "그 여자를 책망하였다"(막 14:5)고 한다. 기름 부은 여인이 예수의 아내였다면 스승의 아내를 스승의 면전에서 공개적으로 책망하는 일이 가능하겠는가?

그러므로 예수의 몸에 기름을 부은 막달라 마리아가 가나의 혼인 잔치에서 예수와 결혼한 그의 아내였다는 주장은 성경의 단편적인 사실을 제멋대로 왜곡한 악의에 찬 기만이라는 사실은 성경을 조금만 주의 깊게 읽어보면 명백하게 드러날 것이다.

3. 막달라 마리아와 베다니의 마리아는 동일인이 아니다

저자들은 예수의 몸에 기름을 부은 두 여인 즉 막달라 마리아와 베다니의 마리아가 예수의 아내일 가능성이 있는 여인이라고 주장한다(451쪽). 그러나 이 역시 성경의 본문을 제멋대로 해석한 전형적인 왜곡이다.

복음서에는 예수의 몸에 기름을 부은 두 번의 사례를 기록하고 있다. 한 번은 발에 부었고 다른 한 번은 머리에 부은 것으로 둘 다 이름 없는 여인이 한 일이었는데, 요한복음은 발에 부은 여인이 베다니의 마리아라고 한다.

예수의 '발에 기름 부은 일'은 누가복음에만 기록되어 있다(눅 7:36-38). 예수가 나인성 한 바리새인의 집에서 식사를 할 때 "그 동네에 죄인인 한 여자가 있어 예수께서 바리새인의 집에 앉으셨음을 알고 향유 담은 옥합을 가지고 와서 예수의 뒤로 그 발 곁에 서서 울며 눈물로 그 발을 적시고 자기 머리털로 씻고 그 발에 입 맞추고 향유를 부은" 것이다. 요한복음은 마르다의 동생이며 나사로의 누이인 베다니의 마리아가 주님께 향유를 붓고 머리털로 주님의 발을 닦아 드린 적이 있는 여자(요 11:1-2)라고 한다.

예수의 '머리에 기름 부은 일'은 마태와 마가가 전해 주고 있다(마 26:6-13, 막 14:3-9). 예수가 "베다니 문둥이 시몬의 집에 계실 때에 한 여자가 매우 귀한 향유 한 옥합을 가지고 나아와서 식사하시는 예수의 머리에 부었다" 제자들이 "이것을 많은 값에 팔아 가난한 자들에게 줄 수 있었겠도다"라고 화를 냈지만, 예수께서는 "가난한 자들은 항상 너희와 함께 있거니와 나는 항상 함께 있지 아니하리라 이 여자가 내 몸에 이 향유를 부은 것은 내 장사를 위하여 함이라"고 하였다.

앞에서 살펴 본 것처럼 예수의 '발에 기름을 부은' 익명의 '죄인인 한 여인'을 요한복음은 명시적으로 마르다의 동생이요 나사로의 누이인 베다니의 마리아(요 11:1-2)라고 하였다. 그럼에도 불구하고 저자들은 이 여인의 이름을 밝히지 않고 있지만, "훗날의 주석자들은 막달라 마리아가 일곱 마귀에 들렸던 것이 분명해 보인다는 사실을 들어 그녀가 죄인이었음에 틀림없다고 생각했다"는 모호한 근거로 '죄인인 한 여자'를 즉 "예수의 발에 기름을 부은 여인과 막달라 마리아를 동일 인물로 간주한다"(452쪽).

막달라 출신의 마리아는 예수와 12사도를 따라 갈릴리 지방을 순회한 여성인데, 예수께서 일곱 귀신을 쫓아내 주신 여인으로서 특기하고 있다(마 27:56, 막 16:9, 눅 8:2). 그녀는 제자가 되어 자기의 '소유'로 예수 일행을 섬겼으며(마 27:56, 눅 8:1-3), 예수의 십자가와 매장을 지켜보았고, 3일 만에 시체에 바를 향유를 가지고 무덤에 가서, 부활하신 예수를 최초로 목격한 사람이다.■ 따라서 이 막달라 마리아가 예수의 아내일 것이라고 한다.

바리새인 시몬의 집에서 예수의 발에 기름을 부은 '죄인인 한 여자'를 막달라 마리아와 동일시하는 것은 아무런 근거가 없는 주장이다. 이러한 주장이 더욱 증폭되어 누가가 예수의 발에 기름 부은 여인을 '죄인'이라고 표현했기 때문에, 이 익명의 여인을 "간음 중에 잡힌 여자"(요 8:7)와 동일시하여 왔다. 그리하여 막달라 마리아가 창녀로 둔갑되기도 하였다. 그래서 중세에는 개심한 창녀들의 집을 막달라의 집이라고 하기도 하였다. 이 역시 성경을 제멋대로 해석한 것이 아닐 수 없다. 그래서 영화 "예수의 최후의 유혹"에서처럼 창녀인 막달라 마리아가 예수를 유혹하였다거나, 창녀인 막달라 마리아가 베다니에서 예수에게 기름을 부었다거나, 그 막달라 마리아가

■ 막 16:9, 마 27:56, 요 20:11-18.

예수의 아내였다는 황당무계한 이야기들이 악의에 찬 호사가들에 의해 퍼지게 된 것이다.

저자들은 예수의 아내였을 법한 또 다른 여인이 바로 마르다의 동생이나 나사로의 누이인 '베다니의 마리아'라고 한다. 베다니의 마리아(요 11:1, 12:1)는 마르다의 자매로서 주의 발 아래 앉아 그의 말씀을 들음으로 칭찬을 받은 여성이며(눅 10:38-42), 나사로라는 오라비가 있었다(요 11:32). 예수의 마지막 유월절 엿새 전에 베다니에 와서 문둥이 시몬의 집에서 지극히 비싼 향유를 예수님의 발에 붓고 자기 머리털로 그의 발을 씻음으로써 참 감사와 헌신을 표명하여 가룟 유다와 제자들의 비난을 받았지만 예수는 자기의 죽음에 대한 사랑스러운 성별로써 극구 칭찬하셨다(마 26:7-13, 요 12:18).

저자들은 특히 마리아는 모종의 아내로서의 특권이 있어 예수가 방문했을 때 가사일을 하지 않고 예수의 발치에서 예수의 말씀을 듣고 있었다고 한다. 그리고 유대법에는 아내는 어떤 특별한 일이 있을 때 남편의 지시가 있기 전에는 집에 나타나지 못하도록 되어 있으므로 나사로가 죽은 후 상중에 있던 베다니의 마리아는 예수가 부를 때까지 집안에 있었다(요한 11:20)는 군색한 논거를 제시한다. 그런데 문제는 예수의 십자가 처형 때 뒤따르고 무덤에도 찾아간 여인은 막달라 마리아였으며 여기서는 베다니의 마리아가 등장하지 않는다. 그래서 저자들은 마르다의 동생이요 나사로의 누이인 베다니의 마리아가 바로 막달라 마리아이며 예수의 아내가 틀림없다고 주장한다(457쪽).

그러나 타이센과 메르츠가 분석한 것처럼 예수의 제자들 중에는 여성들이 포함되어 있었다는 점에서 랍비들과는 다르다. 예수는 막달라 마리아 외에도 헤롯의 청지기 구사의 아내 요안나, 수산나 그리고 마르다(눅 10:38-42)와 같은 여성들도 예수의 선교를 후원하는 제자들이었다. 그러므로 예수 주변에 막달라 마리아가 자주 등장하고, 그녀들이 제일 먼저 예수의 무덤을 찾았다고 해서 그 중에 한 여인을 예수의 아내라고 주장할 수는 없을 것이다.■

■ J. McDowell & B. Willson(1991), 513.

4. 바라바는 예수의 아들이 아니다

저자들은 빌라도가 군중에게 "누구를 놓아 주면 좋겠느냐? 바라바라는 예수냐? 그리스도라는 예수냐?"(마 27:17)고 한 말에서 유월절 전례에 따라 특별 사면된 '예수 바라바'(Barabbas)는 '예수 바르 아브'(Jesus bar Abba)에서 유래되었을 가능성이 있으며 따라서 바라바는 예수의 아들이라는 억지 주장을 펴고 있다(475쪽). 그러나 이는 희랍어 원문을 모르는 무지의 소치이다. 원문에는 '예수 바르 아브'가 아니라 '바라빠라는 예수'(Ἰησοῦν τὸν ὁ Βαραββᾶν)라고 되어 있다.

저자들은 그래서 민란에 가담하였다가 채포된 열심당원 출신의 지도자 바라바를 예수의 아들이라고 우긴다. 예수가 33살에 죽었다 해도 당시에 풍습대로 16-17살에 결혼하였다면 13살의 아들이 있었을 테고 13살이면 로마에 대항하여 독립 항쟁을 할 수 있는 나이라고 고집한다(477쪽).

성경에는 예수의 형제의 명단은 있어도 자녀의 명단은 없다. 그리고 예수가 공생애를 시작한 초기에 미쳤다는 소문을 들은 마리아와 그의 형제와 자매들이 예수를 찾아 나선 일이

기록되어 있는데, 여기에도 그의 아내나 자녀는 등장하지 않는다.▪

특히 요한복음서는 예수가 십자가에 달려 돌아가실 때 예수의 십자가 곁에는 그 모친과 이모와 글로바의 아내 마리아와 막달라 마리아가 서 있었다고 한다. 한 제자에게 둘러 선 여인들을 보고 "보라 네 어머니라" 하셨다. 그래서 그 제자가 그 때부터 자기 집에 모셨다(요 19:27)고 한다.

막달라 마리아가 예수의 아내였다면 예수가 최후의 순간 자신의 아내를 제자들에게 부탁하지 않았다고 상상하기 어렵다. 그리고 여기서는 막달라 마리아의 이름이 제일 나중에 나온다. 그래서 스타인(Robert Stein)은 복음서에는 예수가 어머니에 대해 염려한 기록은 있지만, 아내에 대한 염려의 흔적은 전혀 없다는 것도 강력한 반증이 되며, 예수가 결혼했었다는 증거가 사실상 전혀 없다고 주장한다.▪▪

▪ 마 12:46-50, 막 3:31-35, 눅 8:19-21.
▪▪ Robert Stein(2001), 황영철 역, 『메시야 예수-예수의 생애 연구』, 한국기독교출판사, 99.

0 6 _

거루버와 케스틴,『예수는 십자가에서 죽지 않았다』의 가사설을 반박한다

엘마 거루버와 홀거 케스턴은『예수는 십자가에 죽지 않았다 — 토리노 성의(聖衣)가 밝히는 부활론의 음모』(홍은진 역, 아침이슬, 2001)라는 토리노의 수의가 죽은 자의 것이 아니라 산자의 수의라는 사실과 아리마데 요셉과 니고데모가 계략을 사용하여 십자가의 예수를 가사상태에 빠지게 한 후 무덤에 묻힌 예수를 회생시켰다는 주장에 근거하여 가사설을 주장한다.

예수 가사설이라는 반기독교적 주장은 오랜 역사를 가지고 있다.▪ 기독교와 경쟁 관계에 있던 이슬람교의 경전 코란(646년)에도 예수는 가사상태에서 십자가에서 끌어내려졌다고 한다. 아마디야 무스림들(Ahmadiya Muslims)은 가사상태에서 소생한 예수가 인도로 도망쳤다고 하였다. 그래서 오늘날까지도 카슈미르 지방의 스리나가에는 예수가 묻힌 장소라고 추정되는 곳에 사원이 세워져 있다.■ 이 주제는 나중에 따로 다루려고 한다.

근대에 와서 파울루스(H. G. G. Paulus 1761-1851)는 『예수전 ─ 초대 기독교의 순수한 역사에 기초한 예수 생애』(1828)에서 십자가에 처형된 가사(假死) 상태로 무덤에 묻혔는데 때마침 뇌성 번개로 기절에서 깨어나 무덤에서 걸어나왔다고 하였다.■■ 근래에는 휴즈 숀필드의 베스트셀러『유월절의 음모』■■■(1972)나 오스트리아 여류학자 바바라 씨어링의『예수와 사해사본의 수수께끼』■■■■(1992)도 예수의 가사설을 주장한다.

■ 허호익(2003), 『예수 그리스도 바로보기』, 한들출판사, 512-517.
■ 이슬람 국제출판국(1988), 『한글번역본 코란』, 1266.
■■ N. L. Geisler(1988), 『성경무오: 도전과 응전』, 엠마오, 36-37.
■■■ Hugh Joseph Schonfield(1965), *The passover plot : new light on the history of Jesus*, Bantam Book.
■■■■ B. E. Thiering, B. E.(1994), 『(人間)예수 : 사해사본에 대한 새로운 해석』(서울: 신천지). 원저는 1992년 *Jesus and the Riddle of the Dead Sea Scrolls*라는 제목으로 출판되었다.

1. 토리노 수의는 결정적 증거가 되지 못한다

토리노의 수의가 역사에 등장한 것은 1353년이다. 사보이즈 리레이 공이 리레이 성당을 건립하고 수의를 공개하자 신자들이 몰리고 헌금한 돈이 엄청 쌓였다고 한다. 1389년 트로이의 주교 피터 아시스는 이것은 화가가 그린 가짜라고 말하면서 차압하려 했지만 실패하였다. 그리고 1532년에는 화재를 겪어서 타버릴 운명을 거치기도 했지만 다시 복원되어서 싱클레어 수녀원에서 보관되어 왔다. 1898년 5월 토리노 성당에서 다시 일반에게 공개되었고 이때 세콘도 피아라는 사진사는 찍은 사진을 현상 중에 네가티브 원판을 보니 사람의 상이 나타났던 것이다. 그리하여 오랫동안 진위 여부의 논쟁이 시작되었으나 가톨릭교회는 탄소동위원소 검사 등 10년 동안의 과학적 검증을 통해 토리노 성의가 13-14세기에 만들어진 모조품이라는 사실을 1988년 10월 13일 토리노의 대주교 발레스트레오 추기경을 통해 발표를 하였다.

그러나 저자들은 가톨릭교회의 발표를 부정한다. 탄소동위원소 검사가 조작되었으며, 한걸음 더 나아가서 토리노 수

의는 죽은 예수의 수의가 아니라 십자가 처형 후 가사상태에
있던 예수의 몸을 감쌌던 세마포라고 주장한다(38쪽). 그 근
거로 토리노의 수의가 죽은 나사로의 온 몸을 묶어 감았던 좁
고 기다란 아마 붕대(keirari, 요 11:40)가 아니라, 길이 4.36m
폭 1.1m의 아마포의 수건 형태의 헝겊이라는 데에 착안하여
이것은 죽은 사람을 묶은 붕대형 헝겊이 아니라 산 사람을 덮
어 놓았던 홑이불 같은 것이기 때문이라고 주장한 것이다. 그
러나 이 토리노 수의가 예수의 수의라는 역사적인 증거가 없
다는 것이 결정적인 문제이다. 칼빈의 『성해론』(聖骸論)에는
당시 가톨릭교회의 예수에 관한 유물 숭배가 얼마나 성행하였
는지 자세히 적고 있다. 예수의 구유와 요람에서 비롯하여 십
자가 나무, 못, 가시나무, 로마 군인의 창, 성배와 수의 심지어
는 예수가 할례 받은 표피까지 전시한 교회들이 있었다고 한
다. 그리고 이런 가짜 유물을 만들어 판매하는 상점도 수두룩
하였으며, 예수의 수의를 모조하여 그리는 화가와 이를 파는
상점도 있었다고 한다.■ 그리하여 "수의가 불타면 다음 날에

■ J. Calvin, (2009), 「성해론」, 『칼뱅작품선집 III』 (서울: 총신대학교출판사).

는 반드시 새로운 수의가 나타났다"고 한다.■

2. 예수의 십자가의 죽음은 가사가 아니다

저자들은 아리마대 요셉과 니고데모가 유대인의 풍습에 따라 예수의 무덤을 찾아가 그의 시신에 항품을 바르고 고운 베로 감쌌다(요 19:39-40)는 구절을 가사론의 근거로 추론한 다. 예수에 대해 호의를 가졌던 공회 의원인 아리마대 요셉과 율법학자 니고데모가 십자가에 처형 되어 죽을 운명에 처한 예수를 구출하기 위하여 사전에 모의하여 십자가에 달린 예수에게 마취제의 일종인 '몰약(아편)을 탄 포도주'(막 15:23)를 마시게 하여 예수를 혼수상태 즉 가사상태에 빠지도록 계책을 세웠다(124쪽)는 주장이다. 로마 군인으로 하여금 피부를 살짝 스치도록 창을 치르게 하고 가사상태에 빠진 예수를 매장 한다고 속여 자신이 미리 마련해 둔 빈 무덤으로 데려가 안치 하였다. 그리고 그 날 밤 100근(40kg)이나 되는 몰약과 알로

■ J. Calvin(2009),「성해론」,『칼뱅작품선집 III』(서울: 총신대학교출판사), 287.

에 추출물인 침향(요 19:39)을 무덤으로 가져 간 것은 예수의 시신을 장례하기 위한 향료나 방부제가 아니라 가사상태에 빠진 예수를 회생시키기 위한 상처 치료제인 약품이었으며, "실제로는 (아리마대) 요셉과 니고데모의 지휘로 안전한 굴 안에서 예수를 '회생'시키기 위한 치료 작업이 진행되었다"는 것이다(106쪽). 따라서 예수가 다시 나타난 것은 기적적으로 부활한 것이 아니라, 가사상태에서 다시 살아나서 소생한 것에 불과하며, 그래서 그의 무덤이 비게 되었다는 것이다.

이들의 추론이 그럴듯하다. 그러나 객관적인 역사가들 중에는 예수의 부활을 의심하기도 하지만, 예수의 십자가의 죽음을 부정하지 않는다. 예수가 십자가에 달려 죽었다는 사실은 유대 역사가 요세푸스의 『유대전쟁사』와 『유대고대사』나 로마 역사가 타키투스(55/6-120년)의 『연대기』 등이 증언하기 때문이다. 그런데 저자들은 용감하게도 이러한 역사적 사실을 부정하려고 한다.

고고학적 연구 결과 당시에는 십자가 처형 시 머리에 가시관을 씌우거나 두 손(목)과 두 발(목)에 못을 박거나 채찍으로 태형을 가하는 일이 동반되었다고 한다. 3세기의 역사가였던 유세비우스는 "태형을 당하는 사람의 정맥이 밖으로 드러났고, 근육, 근골 그리고 창자의 일부가 노출되었다"고 한다. 많은 사람들이 십자가에 달리기도 전에 태형만 당하고서도 죽었다. 그리고 로마 군인들은 7인치에서 5인치 정도 되는 끝이 가늘고 뾰족한 대못을 중추신경이 지나가는 손목과 발목에도 박았다.■

이런 상태로 십자가에 달려 있으면 양팔이 탈골되고 희생자는 극도의 고통을 느끼게 되고 다량의 출혈로 현대 의학으로 설명하면 저혈량 소크(Hypovolemic shock) 상태에 빠지게 된다. 몸은 흘린 피를 보충하기 위해서 액체를 요구하기 때문에 매우 목이 마르게 된다. 복음서에 보면 예수님께서 '내가 목 마르다'(요 19:28)고 말씀한 장면이 나오는데 의학적으로나 역사적으로도 사실에 근거한 기록이다.

로마 군인들은 예수의 죽음을 확인하기 위해 창으로 옆구리를 찔렀다. 아마 오른쪽 폐와 심장을 꿰뚫었을 것이다. 메드럴 박사는 의학적으로 보아 창을 뺄 때 물처럼 보이는 액체 즉

■ Lee Strobel(1998), 『예수사건』, 두란노, 259.

심낭삼출과 늑막삼출이 나왔고, 이어서 많은 피가 쏟아진 것이라고 한다. '피와 물'(요 19:34)이 나왔다고 한 것은 물보다는 피가 훨씬 더 많이 나왔기 때문이다.■ 살짝 스치게 찔러서는 이런 현상이 일어나지 않는다. 그리고 상처와 고통 상태에서 죽은 척 할 수는 없다.

군인들이 예수와 함께 십자가에 못 박힌 다른 두 강도의 다리를 부러뜨렸다고 한다. 희생자는 발을 들어올릴 수가 없기 때문에 숨을 쉴 수 없어 몇 분 안에 호흡 산독증(酸毒症)으로 죽게 된다. 아마 저녁 7시부터는 안식일과 유월절이 시작되므로 희생자들을 빨리 처리하기 위해 로마 군인들이 단검의 손잡이로 희생자의 다리뼈 아랫 부분을 부러뜨려 죽음을 재촉한 것이다.

그러나 예수의 다리는 꺾이지 않았다(요 19:33). 군인들은 예수가 이미 죽었다고 확신했기 때문이다. 또 그 사실을 확인하기 위해 창을 사용하여 옆구리를 찔렀고 물과 피가 모두 쏟아지는 것을 확인한 것이다. 그리고 예수의 시신을 내어 주기

■ Lee Strobel(1998), 256, 262.

전에 빌라도의 명령으로 백부장이 예수의 죽음을 다시 한번 확인하였다(막 15:44-45).

물론 그들이 의학적인 지식이 없으므로 예수가 죽었다고 단정했을 때 혹시 착각하지 않았을지 모른다고 반문할 수 있다. 그러나 그럴 가능성은 전혀 없다. 군인들은 전문적인 의학 지식은 없었지만 사람을 죽이는 일에 전문가였다. 그리고 그다지 어렵지 않게 사람이 살았는지 죽었는지를 판단할 수 있었다.

게다가, 죽었다고 판단한 죄수가 혹시라도 소생하여 탈출하면 처형 담당 군인이 어떤 형식이든 문책을 받았다. 따라서 십자가 위에서 희생자를 끌어내릴 때 그가 죽었는지를 꼭 확인해야 할 만한 충분한 이유가 있었고, 이 일에 그들은 전문가였던 것이다. 그러므로 메드럴 박사는 단호하게 말한다.

"예수가 십자가에서 살아남았을 가능성이 정말로 없습니다. 절대로 없습니다. 예수님은 십자가에 달리시기 전에 피를 많이 흘렸기에 이미 저혈량성 쇼크 상태에 빠져 있었다는 사실을 기억하십시오. 사람이 오랫동안 숨을 쉬지 않는 척하는 일이 불가능하듯이 예수님은 죽은 채 할 수가 없었습니다. 더구나 창이 그의 심장을 찔렀습니다. 이것만으로 예수가 죽은 채한 게 아니냐는 식의 주장은 이미 끝난 논쟁입니다."■

3. 아리마대 요셉과 니고데모는 에센파가 아니다

저자들은 아리마대 요셉과 니고데모는 에센파 출신의 치료사들로서 흰옷을 입고 밤새 예수를 치료하여 소생시킨 후 예수를 빼돌렸다고 한다. 그래서 안식 후 첫날 여인들이 빈 무덤에서 본 "찬란한 옷을 입은 두 사람"(눅 24:4)은 바로 아리마대 요셉과 니고데모였다고 주장한다. 이 역시 에센파의 실체를 모르기 때문에 세울 수 있는 가설에 지나지 않는다.

에센파는 예루살렘의 성전제의와 제사장 계급은 부정하고 부패하여 더 이상 존재의 의미가 없다고 생각하여 광야로 은둔하여 자기들만의 의로운 공동체를 이룬 후기 유대교의 한 종파이다. 에센파가 동시에 산헤드린의 의원이 될 수 있다는

■ Lee Strobel(1998), 265.

것은 불가능한 일이다. 에센파는 종말론적 집단이었기 때문에 요한계시록의 기록처럼 흰 세마포를 입고 극단적 금욕 생활을 하였을 뿐 그들이 치료 행위를 하기 위해 흰 옷을 입은 것은 아니다.

더군다나 빈 무덤 현장에 나타난 "찬란한 옷을 입은 두 사람"(눅 24:4)은 부활하신 예수가 승천하실 때 다시 나타난다. 승천하시는 자리에 "흰 옷 입은 두 사람이 그의 곁에 서"(행 1:10) 있었다는 것이다. 마태는 이 두 사람을 '그 옷이 눈 같이 흰' 천사(마 28:3)라 하였고 요한은 "흰 옷 입은 두 천사"라 하였다. 따라서 이 찬란한 옷 또는 흰 옷 입은 두 사람은 천사에 대한 은유적 표현이지 아리마대 요셉과 니고데모는 지칭하지 않는다. 빈 무덤에서 가사상태의 예수를 살린 흰 옷 입은 아리마데 요셉과 니고데모가 부활 후 승천하실 때에도 예수의 곁에서 "이 예수는 하늘로 가심을 본 그대로 오시리라"(행 1:11) 증언할 수 없기 때문이다.

4. 가사상태에서 살아난 예수의 다음 행적을 설명하지 못한다

예수는 단지 가사상태에서 회생한 것인데 후에 베드로와 사도 바울이 예수가 부활한 것으로 창작했다는 것이 이들의 주장이다. 그러나 이 가사설의 결정적인 약점은 아리마대 요셉과 니고데모가 사전에 치밀하게 계획한 것임에도 불구하고 12제자들은 전혀 모르는 사실로 묘사되어 있다. 그리고 무덤에서 이들의 비밀스러운 치료를 받고 살아난 예수의 다음 행적에 대해서는 침묵하고 있다. 복음서에는 예수를 따르던 120명 정도의 무리가 예수의 부활의 첫 목격자로 등장한다. 그렇다면 예수는 이들 모두를 속인 것이 된다. 예수의 삶과 교훈으로 비추어 볼 때 예수가 이들 모두를 속였다는 것과 이들 모두가 거짓에 속아 부활하신 예수를 전하는 데에 목숨을 바쳤다는 가설을 받아들인다는 것은 불가능한 일이다.

그리고 기절과 가사상태에서 예수가 소생한 것이 만의 하나 사실일 수 있다고 가정하자. 그렇다면 가사상태에서 소생한 예수가 어떤 행동을 취했는지도 설명되어야 마땅하다. 예수의 실제적인 죽음은 언제 어떻게 이루어졌는지도 설명하여야 할 것이다.

　가사설이 사실이라면 공생애 동안의 예수의 진실한 인격과 치열한 활동에 비추어 볼 때, 가사상태에서 소생한 예수는 다시 제자들을 끌어 모아 선교 활동을 계속했을 것이고, 그러는 과정에서 자연히 제자들이 퍼뜨린 부활 소문의 기만과 은폐는 폭로되었을 것이다. 예수는 제자들의 사기극을 엄히 문책했을 것이며, 자신의 가사 사건의 진실을 새롭게 해석하여 선포하였을 것이다. 가사 소생설을 주장하는 이들은 이러한 문제점에 대해서는 침묵하고 논의를 진전시키지 않음으로서 자신들의 가설의 모순과 한계를 스스로 입증하고 있는 것이다.

07 _

김 용 옥 , 『 요 한 복 음 강 해 』의
구 약 폐 기 론 과 원 죄 부 정 론 을 반 박 한 다

도올 김용옥 교수(세명대 석좌교수)의 최근 저서『요한복음
강해』(통나무, 2007)와 EBS에서 하고 있는 '요한복음' 강의가
물의를 빚고 있다. 여러 개신교 목사와 신학자들뿐 아니라 가
톨릭계에서도 문제를 제기할 정도이다. 김용옥 교수가 저서
와 강의에서 주장하여 논쟁이 되는 몇 가지 주제를 살펴보고
이를 반박하려고 한다.

1. 구약은 '오실 예수에 대한 약속', 예수도 이를 수용하였다

도올은 저서에서 "예수의 메시지의 핵심은 율법의 부정이

다"(31쪽)고 하였다. 강의를 통해 "예수는 율법을 폐하러 왔으며, 구약성경은 폐기돼야 한다"고 주장하였다. 이에 대한 반박이 쏟아지자 "구약성경은 유대인들의 민족신인 야웨(여호와)가 유대인들이 다른 신을 섬기지 않고 오직 자신만을 믿는 조건으로 애굽의 식민에서 해방시켜 젖과 꿀이 흐르는 가나안 땅으로 이끌어주겠다고 유대인만을 대상으로 한 계약이며, 예수의 출현으로 새로운 계약(신약)이 성립된 만큼 구약은 당연히 효력이 없다"■고 하였다.

구약 폐기론의 원조는 로마 교회의 장로였다가 이단으로 파문당한 마르키온(Marcion)이다. 그는 영지주의의 기본 원리인 영육이원론에 입각하여 물질과 육체를 창조한 구약성서의 여호와 하나님은 열등한 신이며, 신약성서에서 예수가 가르친 영혼의 아버지 하나님과는 다른 하나님이라는 이유로 구약의 폐기를 주장하다가 144년 7월에 로마 교회에서 파문당하였다. 155년경 서머나의 주교 폴리캅은 마르키온을 만나 토론한 다음, "나는 네가 확실히 사탄의 맏자식임이라는 것을

■「한겨레신문」 2007. 2. 16.

알게 되었다"고 단죄하였다.■

가장 중요한 기독교의 신앙고백인 「사도신경」은 사실상 당시의 마르키온의 구약폐기론 등을 반박하기 위해 형성된 것이다. 구약성서의 '전능하사 천지를 만드신 신(하나님)'은 열등한 조물주(Demiurge)가 아니라 신약성서의 '아버지 하나님'과 동일한 분이라는 것을 고백하기 위해 "전능하시 천지를 만드신 하나님 아버지를 믿습니다"라고 한 것이었다.■■

도올이 말하는 구약은 율법의 행위이고 신약은 복음의 은총이라는 도식 역시 이미 폐기된 천박한 이론이다. 구약의 경우 율법의 핵심인 십계명은 하나님께서 이스라엘 백성을 애굽의 압제에서 해방시켜 하나님의 백성을 삼은 은혜(Gabe)를 베푼 이후에 하나님의 백성의 도리와 과제(Aufgabe)로 주어진 것이다. 신약의 경우 율법의 정신을 망각한 율법주의를 부정한 것이지 율법 자체를 부정한 것이 아니다. 그래서 루터와 칼빈 같은 종교개혁자들도 복음을 율법의 대립 개념으로 보지

■ Irenaeus, *Adv. Haer.* 3. 3. 4.
■■ 허호익(2005), "영지주의의 기독교 왜곡과 사도신경의 형성", 「신학과 문화」 14집, 191-220

않고 율법의 세 가지 용도를 통해 율법의 필요성을 인정하였다.

도올은 "구약은 애굽의 식민에서 가나안으로의 탈출이라는 유대 민족만의 해방에 대한 옛 계약이기 때문에 폐기해야 한다"고 주장한다. 그러나 구약은 단지 과거 유대 민족의 해방역사의 기록이 아니라 역사상 모든 약소 국가나 피식민지 국가에 속한 기독교인들에게 주어진 민족 해방의 놀라운 약속을 제공하는 하나님의 말씀이었다. 그래서 일제는 한국교회로하여금 구약의 다윗과 골리앗 그리고 모세와 출애굽에 관한 설교를 금지하였고 예배 시 구약을 읽는 것도 금했지만 당시의 신자들은 구약을 통해 항일운동의 정신과 민족 해방의 희망을 키워온 것이다. 근래의 남미 해방신학을 비롯한 제3세계의 신학 역시 이러한 구약의 출애굽 해방 전승에 그 성서적 근거를 두고 있다는 것을 도올은 알지 못하고 '구약을 믿는 것은 성황당을 믿는 것'으로 폄하한 것 같다.

도올이 기독교의 가장 큰 공헌은 유교에 없는 인간 평등의 존엄성과 불교에 없는 사회 구원의 성격이라고 인정하였음에도 불구하고(29쪽), 이 두 가지 성격의 모체가 구약의 출애굽 해방 전승이라는 사실을 간과하고 있다. 무엇보다도 구약성서가 유대 민족의 해방의 약속이기 때문에 폐기되어야 한다는 도올의 논리가 정당하다면 플라톤의 『공화국』(Republic)은 희랍인들의 이상국가론이기 때문에 폐기되어야 한다는 치졸한 논리가 된다.

도올이 "예수의 출현으로 새 계약(신약)이 성립된 만큼 구약은 당연히 효력이 없다"고 한 것은 현대의 계약법 논리로는 맞는 말이겠지만, 이는 성경의 다양하고 풍성한 계약 신앙의 내용을 몰라서 하는 말이다. 기독교는 유대교와 구약성경을 모체로 하여 생겨난 종교이다. 따라서 유대교와 기독교, 구약성경과 신약성경 사이에는 연속성과 불연속성의 변증법적 관계가 있다. 유대교의 어떤 부분은 수용하고 어떤 부분은 변용하고 어떤 부분은 폐기하였다. 우선 기독교는 구약성경을 수용하였다. 그러나 성전 체계와 희생 제사는 폐기하였다. 안식일은 주일로 할례는 세례로 변용하였고, 율법은 "폐기한 것이 아니라 완성하러 왔다(마 5:17)"는 말씀처럼 예수는 구약의 한시적인 시민법과 제사의식법들의 조문들은 폐기하였지만, 구약의 보다 중요한 신앙적 도덕적인 율법 본래의 입법 정신을 철저히 하고 강화하고 완성한 것이다.

무엇보다도 기독교가 유대교의 구약을 정경에 포함시킨 것은 예수 자신이 구약을 수용하여 회당에서 읽기도 하고 인용하고 설교하였기 때문이다. 예수는 구약을 지칭하는 "모세와 선지자의 글로 시작하여 모든 성경에 쓴 바, 자기에 관한 것을 자세히 설명"(눅 24:27)하였다. 그래서 기독교에서는 구약은 '오실 메시야 즉 예수 그리스도에 대한 약속'이며, 신약은 그 약속의 성취이며 동시에 '다시 오실 예수 그리스도에 대한 약속'이라고 한 것이다.

도올은 결국 예수가 받아들인 구약마저 폐기하자는 것이고, 그가 강의하는 요한복음이 인정하고 친숙하게 인용하였던 많은 구절의 구약■ 조차 알지 못하고 구약의 폐기를 주장하는 오류를 범하고 있는 것이다.

■ 구약의 직접 인용을 적지만 구약의 개념에 매우 친숙하였다(요 1:23, 51; 2:17; 6:31, 10:34; 12:13; 15, 27, 38, 40; 12:40; 13:18; 15:25; 19:24; 36, 37)

2. 회개는 '마음의 상태의 변화'가 아니라 '하나님께로 돌아오는 것(Shub)'이다

도올은 예수가 말한 "'회개하라'는 말의 원어는 '메타노이아'(metanoia)이며 그것은 노이아의 메타일 뿐이다(a change of mind). 즉 마음의 상태(노이아)의 변화(메타)일 뿐이다. 그것은 회개(悔改)가 아닌 회심(回心)이다. 즉 마음의 방향을 트는 것이다"(104쪽)고 하였다.

물론 희랍어 메타노이아의 의미는 회개는 '마음의 상태의 변화'이다. 그러나 예수가 사용한 회개의 어원은 희랍어 '메타노이아'가 아니라 '돌아오다'(come back)를 뜻하는 히브리어 '슈브'(Shub)이다. 이스라엘 백성이 언약을 맺은 하나님을 배반하고 떠났던 데서 하나님께로 다시 돌아오는 것이 회개이다. 따라서 '여호와께로 돌아오라'는 것은 이스라엘 예언자들의 구호였다.■ 예수의 저 유명한 '탕자의 비유'처럼 불순종하여 아버지를 떠난 자녀가 아버지께로 돌아오는 것이 회개 즉

■ 사 31:6, 사 44:22, 사 55:7, 렘 3:12, 렘 3:14, 렘 3:22, 렘 4:1, 렘 31:21, 호 11:7, 욜 2:12, 슥 1:3, 슥 1:4, 말 3:7.

'슈브'이다. 부자 간의 관계가 근원적으로 회복되는 것을 의미한다.

희랍어 메타노이아는 '마음의 상태의 변화'이지만 예수가 사용한 히브리어 또는 아랍어 '슈브'는 '하나님과의 관계의 회복'이다. 하나님을 멀리 떠난 소원한 불신앙에서 하나님과 친밀한 신앙의 관계로 돌아오는 것이다. 루터가 「95조의 항의서」 제1-2항에서 명시한 것처럼 '우리 주님께서 회개하라'(마 4:17)는 것은 사제 앞에서 행해지는 성례전적 고해(Penance)가 아니라 신자의 전생애가 전환되는 것 즉 불신앙에 신앙으로 돌아서는 것이라고 하였다.

예수의 제일성(第一聲)은 "때가 차서 하나님의 나라가 가까이 왔으니 회개하고 복음을 믿으라"(막 1:15)는 것이었다. '때의 참'은 종말론적 의미가 있으며, 하나님의 나라는 도올이 말하는 인간의 마음을 다스리는 '지혜의 나라'(139쪽)가 아니다. 하나님의 나라가 이루어지는 것은 하나님 아버지의 뜻이 하늘에서처럼 땅에서 이루어지는 것(마 6:9)을 뜻한다. 그리고 참된 회개는 이처럼 내 뜻대로 사는 것이 아니라 하나님 아버지의 뜻대로 살기로 전인적이고 공동체적으로 결단하는 것이며, 이는 먼저 복음을 믿는 것 다시 말하면 하나님 아버지께로 돌아오는 것에서 출발한다.

따라서 예수가 말한 회개는 모든 종교의 일반적인 영적 각성이나 도덕적 회심이나 성례전적인 고해(告解) 보다 더 근원적이고 철저한 것이다. 예수가 가르친 회개는 도올이 말한 '악한 상태에서 선한 상태로, 이기적 욕정에서 보편적 사랑으로 마음을 돌리는'(104쪽) 단순한 회심 이상의 것이다. 먼저 하나님과 바른 관계를 근원적으로 회복하지 않고서는, 다시 말하면 우리가 근원적으로 하나님의 영 안에서 다시 태어나지 않고서는 선을 알기도 어렵고 알아도 행하기 어렵기 때문이다. 도올이 말한 "새로운 주체성, 새로운 사회 관계, 새로운 세계 인식"(105쪽)에 이르기는 더더욱 어렵기 때문이다.

3. 예수가 말한 '우리의 죄'가 원죄론의 근거이다

도올은 "예수는 결코 '원죄'(Origianal Sin)를 말하지 않는다. 인간은 태어나서부터 죄인이라는 사상은 매우 괴이한 사상"(104쪽)이며, "그의 메시지에는 성선-성악이라는 말이 없다"(103쪽)고 하였다.

물론 예수가 말한 회개가 원죄의 회개는 아니며, 예수가 원죄설을 명시적으로 주장하지 않았다 하여 원죄론을 부정하는 것은 예수의 정신과 성서의 가르침과 교회의 전통을 심히 훼손하는 주장이다. 물론 원죄라는 용어 자체는 성경에는 없는 것이다. 그러나 원죄론에 해당하는 내용들이 성서의 여러 곳에서 발견되기 때문에 교회는 이를 개념화하여 원죄론을 가르쳐 온 것이다.

예수가 원죄를 말하지 않았지만 죄의 심각성을 그 누구보다 강조하여 "우리 죄를 사하여 주옵시며"(마 6:12)라고 기도하도록 가르쳤다. 예수는 많은 병자를 치유하면 "네 죄가 사해졌다"고 사죄 선언하였고, 이를 시비하는 유대인들에게 "인자는 땅에서 죄사하게 하는 권세를 가지고 있다"(막 2:10, 눅 5:24)는 사실을 스스로 확인하여 주었다. 유대인들에게 있어는 지금도 그러하지만 당시에도 죄를 사하는 권세는 오직 하나님에게만 있는 것으로 확신하였다. 예수 역시 유대교의 이러한 전통에서 자랐음에도 불구하고 하나님과 동등하게 죄사함의 권세를 가졌다고 주장하였고, 동시에 다른 사람들도 그렇게 이해했던 것이다. 이일로 예수는 신성모독자로 고발되었고 실제로(de facto) 신성모독자로 처형당한 것이다.

예수가 명시적으로 원죄를 말하지 않았다고 하지만 우리가 주목해야 할 것은 예수가 '나의 죄'가 아니라 '우리의 죄'라고 표현한 것이다. '우리의 죄'는 개념 속에서 보편적 죄로서의 원죄사상이 함축되어 있음을 알 수 있다. 따라서 조직신학자 오트(H. Ott)에 의하면 "원죄설은 개인이 죄로 말미암아 영향을 받는 상황 속에 항상 존재하고 있음을 표현한다."■ 모든 인간은 죄에 있어서 서로 영향을 주고받으며, 죄를 다른 사람과 함께 짓고 있으며 이러한 상황은 불가피하다는 것이다. 그래서 "'원죄'의 사상은 순전히 개인주의적 죄 개념을 넘어서서 죄책의 사회적 차원을 말로 나타난 것"■■이라고 하였다.

따라서 전통적인 신학은 죄는 치명적이고 보편적이고 연대적이기 때문에 스스로 범하는 자범죄(自犯罪)와 그 뿌리인 원죄(原罪)를 구분한다. 원죄론의 핵심은 유전을 통해서나, 모방을 통해서나, 사회적 영향을 통해서나 개개인에게 결정

■ H. Ott(1974), 『신학해제』, 한국신학연구소, 179.
■■ H. Ott(1974), 180.

적인 영향을 끼쳐 죄를 짓도록 만드는 죄의 뿌리요 죄의 세력으로서 원죄가 있다는 예수와 성서의 가르침을 반영한다. 예수가 원죄라는 용어를 사용하지 않았다 해서 모든 인간에게 불가피한 보편적 연대적 죄성인 원죄의 개념 자체를 부정했다고 할 수 없는 것이다. '죄로부터의 구원'은 예수의 사역의 핵심이기 때문이다.

0 8 _
데이비드 차의 『마지막 신호』는 허황된 음모와 망상을 계시인 것처럼 주장한다

『마지막 신호』와 『마지막 성도』라는 책이 화제가 되고 있
다. 예영커뮤니케이션에서 출판된 이 책은 저자를 데이비드
차라고만 밝히고 있어 실명인지 가명인지도 알 수 없을 뿐 아
니라 자신의 학력과 주요 이력조차도 전혀 밝히지 않고 있어
이 책의 신뢰도를 더욱 떨어뜨리고 있다.

이 책의 핵심 주제는 예수회가 배후에서 가톨릭을 조종하
고 WCC(세계기독교교회협의회)를 끌어 들여 세계 종교를 통합
하고 유럽연합(EU)과 같은 경제 블럭화를 통해 궁극적으로
세계 단일 정부를 구성하여 모든 사람들을 통제하고 노예화하
기 위해 강제로 '생체 칩'을 받게 하고 이를 거부하는 기독교

신자들을 모두 죽일 계획을 '마지막 신호'라는 주장하는 것이다. 생체 칩이 요한계시록에 나오는 666이기 때문에 '마지막 성도'들은 이를 거부하고 순교를 각오해야 한다고 역설한다. 저자는 이 책의 목적이 '적그리스도의 총제적인 공격'에 대비하여 "그들의 전략과 방법을 미리 공개함으로서 잠들어 있는 크리스챤들을 깨우며, 마지막 대전쟁을 준비하여 하늘의 뜻을 이 땅에 이루어지도록 주의 길을 예비하는데 있다"(『마지막 신호』, 23쪽)고 하였다.

그러나 이 책은 지난 수십 년 동안 인터넷 등에 떠도는 근거도 없는 허황된 음모론들을 취합하고 나열한 후 그것이 마치 현재 진행되고 있는 "놀라운 비밀"이요 "숨겨진 계획"(7쪽)으로서 '주님의 계시'인 것처럼 주장한다는 점에서 기독교 신앙을 현저히 왜곡하는 반기독교성이 심각한 저서라는 것을 밝히려고 한다.

1. 세계단일정부촉진기구(WFM-IGP)는 UN과 무관한 '세계연방 운동' 단체

저자는 전 세계의 정치와 경제 불록화가 급진전 되고 있음을 여러 사례를 통해 제시하면서, 이러한 통합이 결국은 세계 단일 정부를 구성하기 위한 음모라고 주장한다. 그리고 UN은 단일 정부의 행정부로서 신용, 물류, 의류 등 모든 정보를 전산화하여 각국의 슈퍼컴퓨터에 통합하고 국제적인 교류의 효율성을 위해 모든 정보는 EU 본부의 슈퍼컴퓨터에서 통합 관리할 것이라고 한다. 그리고 "UN은 WFN-IGP■라는 세계단일정부 촉진기구를 공식적으로 출범시켜 이제 공개적으로 통합 운동을 추진하고 있다"(18쪽)고 주장한다. 그러나 'WFM-IGP'라는 단체 '세계단일정부 촉진 기구'가 아니라 "세계연방운동 국제 정책기구"(world federalist movement, institute of global policy)라는 소규모 사설 단체로서 UN과 무관한 임의 단체이므로 저자의 주장은 사실과 다르다. 2012년

■ 'WFM-IGP'의 오식인 듯하다.

7월 9일에서 13일 동안 열린 16차 총회에 참석한 인원이 고작 수십 명에 지나지 않는다는 사실은 저자가 명시한 홈페이지 (www.wfm-igp.org)에서 확인할 수 있다. 이 소규모의 임의 단체가 세계 단일 정부를 촉진할 수 있는 현실적 역량이 있다고 보는지. 참 한심한 주장이 아닐 수 없다.

2. 세계 단일 정부 출현은 비현실적이고 비성서적 주장

저자는 신세계 질서(New World Oder)로서 세계 단일 정부가 구성될 것이며, 그것이 마지막 때의 징조라고 주장한다. "세계 경제권이 EU, 북미연합, 아세안연합, 아프리카연합, 남미연합, 중동연합으로 통합되어 단일 사회를 만들어 가는 과정"(46쪽)에 있으며, "세계의 정치 군사 경제 등을 조정하는 실질적인 세력은 ① 영국 여왕을 중심으로 한 유럽의 귀족 세력 ② 미국의 유대인 금융 엘리트 세력 ③ 예수회를 중심으로 한 로마가톨릭 세력"(199쪽)이라고 한다. 이들이 공모하여 세계 단일 정부를 만들고 있는 중이라고 한다.

그리고 단일 국가, 단일 화폐, 단일 종교를 목표로 세계단일 정부를 준비하는 여러 조직들의 최상부의 배후 단체가 예수회라고 한다. 그 휘하에 정치, 경제, 군사, 정보의 통합을 위해 프리메이슨, 스텐포드 연구소, NATO, IMF, 인터폴, CIA, FBI, 유엔, G7 등의 단체가 있다. 그리고 종교 통합과 문화 통합을 단체로서 프리메이슨, 뉴에이지문화 클럽, 토테미즘, 그린피스, 통일교, 유네스코, 세계교회협의회(WCC), G20, EU, 로마 클럽 등의 하부 조직을 두고 있다는 사실을 도표를 통해 설명한다(58쪽). 그러나 이 모든 단체들은 예수회와는 전혀 무관한 독립적인 단체들이다. 억지도 이런 억지가 없다.

저자는 주장하는 세계 단일 정부에는 중국과 러시아를 비롯한 공산권 국가, 아프리카 등의 이슬람권 국가 그리고 남미 국가들의 참여에 대한 언급은 없다. 대략 세계 인구의 3분의 2 이상을 차지하는 이들 국가들이 배제된 조직을 세계 단일 정부라 할 수 없을 것이다. 오히려 하버드대 국제전략연구소장 새뮤얼 헌팅턴 교수는 『문명의 충돌』이라는 저서에서 공산권이 몰락한 이후의 세계는 점차 문화적 차이에 의한 대립이 더욱 두드러질 것으로 예측하였다. 미래의 가장 위험한 충돌은 서구의 오만함, 이슬람의 편협함 그리고 중국의 자존심

이 복합적으로 작용하여 '문명의 충돌'이 발생할 것이라고 했으니 세계 단일 정부의 구성과는 역행한다는 주장이다.

무엇보다도 예수께서는 말세의 징조 중 하나를 민족과 민족이, 나라와 나라가 하나 되어 '단일 정부가 구성되는 것'이 아니라, "민족이 민족을, 나라가 나라를 대적하여 일어나"(마 24:7) '세계가 분열과 전쟁으로 치닫는 것'이라고 하였다. 따라서 세계 단일 정부가 구성된다는 것은 현실적으로나 성서적으로 터무니없는 주장이다.

3. 천주평화연합(UPF)은 UN과 무관한 통일교 산하 조직

저자는 세계 단일 정부 구성을 위해 국제적인 기독교 지도자들이 종교통합을 이루기 위해 "UPF(Universal Peace Federation)라는 종교 통합 기구를 통해 매우 조직적이고 치밀하게 추진"하고 있는데, 이 단체가 "UN 산하 종교 통합 기구"(128쪽)라고 주장한다. 그러나 UPF는 천주평화연합(天宙平和聯合)을 지칭하며, 자신을 '천지인 참 부모'라고 주장하는 통일교 교주 문선명이 세계와 우주의 평화를 위해 2005년 창설한 통일교 산하 단체이다. 현재의 UN(사무총장 반기문)은 '가인 유엔'이기 때문에 세계 평화를 절대 이룰 수 없다고 하여 '가인 유엔'을 갱신하고 대체할 '아벨 유엔'으로 천주평화연합을 만든 것이므로 UN과 직접적인 관계가 전혀 없는 통일교의 하부 조직인 것이다. 통일교에서는 120개 국가가 회원으로 가입했다고 주장하나 이들 대표 역시 국가의 공식적 대표가 아니라 대부분 통일교 신자로 구성되어 있는 것으로 판단된다. 이 단체에는 통일교 교인으로 구성된 평화군과 평화경찰을 두고 있는데, 나이든 소수의 무리가 세계와 우주의 평화를 유지한다고 하니 혀를 찰 노릇이다.

4. 666은 생체 칩이 아니라 도미티안 황제 신상 참배 확인표

저자는 생체 칩이 적그리스도요 짐승의 표인 666이므로, 예수를 믿는 사람일지라도 생체 칩을 받으면 구원을 얻지 못한다는 주장이다(230쪽). 생체 칩이 짐승의 표인 이유는 ① 모든 사람에게 삽입될 준비가 되어 있고 ② 이 칩을 받지 않으면 물건을 거래할 수 없고 ③ 개인에게 부여 되는 바코드는 666

으로 구분되며 ④ 이 정보는 음녀의 상징으로 가득 찬 EU 본부의 '짐승'이라 불리는 슈퍼컴퓨터에 저장 관리되기 때문이라고 한다(140-141쪽).

짐승의 표인 666만큼 사람들의 호기심을 끌어 다양한 억지풀이가 남발된 성경구절이 없을 것이다.▪ 초기의 바코드는 코드 인식을 위한 가이드 바를 왼쪽, 가운데, 오른쪽에 만들어 두었는데 이 세 줄은 길이가 길어 금방 구분되고, 이는 숫자 6에 해당하는 코드이기에 666이라 불리게 되었다. 상품에 바코드가 붙게 되자, 요한계시록의 오른손과 이마에 '짐승의 표'를 받은 자만이 매매할 수 있다는 구절(계 13:15-16)과 관련시켜 바코드를 짐승의 표인 666이라는 주장이 나오게 된 것이다.

그러나 바코드가 666이라면 지난 60년 동안 사용한 바코드 500만개에 해당하는 모든 품목이 666이 되는 것이니 말도 안 되는 이야기이다. 그리고 최근에는 선으로 된 바코드 보다 더 많은 정보를 담을 수 있는 굵기가 다른 흑백 막대를 조합한 이미지로 된 QR(Quick Response) 코드로 빠르게 교체되고

▪ 이에 대한 자세한 내용을 필자의 글 참조 바람, "666은 컴퓨터이고 바코드는 '짐승의 표'인가 - 그 오해와 진실,"「현대종교」2007년 2월호 135-141.

있다. 따라서 더 이상 바코드 666타령을 할 수 없게 되었다.

무엇보다도 요한계시록 본문에는 '두 번째 짐승'을 표시하는 "그 수는 어떤 사람을 가리키는데, 그 수는 육백육십육"(계 13:18 표준새번역)이라고 했다. 따라서 저자가 말하는 바코드나, 슈퍼컴퓨터나, 생체 칩은 '사람을 지칭하는 것'이 아니라 '사물을 지칭하는 것'이기 때문에 배제되어야 한다.

요한계시록은 기독교가 로마의 박해를 받던 시대에 쓰여진 책이다. 그래서 박해자들을 실명(實名) 대신 은유를 사용할 수 밖에 없었으나, 당시의 사람들은 그 뜻을 다 이해하였다. 초대교회는 로마의 황제였던 네로의 박해를 받으면서 네로를 바다에 나온 '짐승'이요, 그리스도를 대적하는 '적그리스도'라는 의미에서 666이라고 하였다. 네로 가이사(Neron Kaisar)의 히브리어 자음(רסק נורנ)에 수를 대입하여 모두 합하면 666이 되기 때문이다.

נ(N)=50 ר(R)=200 ו(O)=6 נ(N)=50 ק(K)=100 ס(S)=60 ר(R)=200

도미티안 황제 때에 두 번째로 큰 박해를 받고 밧모섬으로 피신한 요한은 요한계시록에서 도미티안을 '제2의 네로'로 여겨 '두 번째 짐승'이라는 은유로 기록한 것이다. 이러한 표현은 도미티안 황제가 황제신상 분향과 참배를 강요한 역사적 배경과 일치한다. 로마제국은 '한 제국, 한 종교, 한 황제'라는 통치 이념에 따라 황제를 신으로 여겨 황제의 신상(神像)에 1년에 한 번 이상 의무적으로 분향하고 참배하는 것을 로마 시민의 의무로 강요하였다. 마치 일제가 신사참배를 강요한 것과 같다. 그리고 황제 신상 분향과 참배의 의무를 행한 사람들에게만 황제의 공식적인 인장이 찍힌 표(charagma)를 증명서로 배부하였고 이 표를 휴대하지 않은 자들을 처형하기도 했고 소지한 자들만 물건을 사고 팔 수 있도록 상거래를 제한하기도 하였다.

'오른 손과 이마'(계 13:16)에 666의 표를 받았다고 표현한 것은 유대인들이 전통적으로 사용해 온 기도의 띠인 테필린(Thephilin)을 '오른 손과 이마'에 붙여 표로 삼아왔기(신 6:8) 때문이다. 로마황제의 인장이 찍힌 우상 숭배의 표, '짐승의 표'를 받은 것을 '한 분 하나님만 사랑'(신 6:3)하기 위해 오른

손과 이마에 감았던 '쉐마의 표'와 대조하기 위한 표현인 것이다. 그러나 이러한 성서의 역사적 배경에 대해 무지한 이들은 666을 바코드, 슈퍼컴퓨터, 생체 칩 등이라고 해석한다.

저자가 말하는 생체 칩은 베리칩을 말하는데 'Verification' (확인, 증명)과 'Chip'(반도체 조각)을 합쳐 놓은 말로, 사람 몸속에 넣는 무선식별(RFID) 장치이다. 쌀알보다도 작은 베리칩 안에는 메모리, 안테나, 축전지가 들어 있는데, 축전지는 체온에 의해 충전되기 때문에 외부에서 전원을 공급받지 않아도 되며, 메모리에는 16자리 고유번호와 128개의 핵심 유전자 코드가 들어 있다. 저자도 인정한 것처럼 생체 칩은 의료용, 금융용, 매매용, 미아방지용, 출입제한용, 위치추적용, 보안허가용, 자신보호용, 신분 확인용, 범죄예방용(145-146쪽) 등 다방면에 이미 사용되고 있다. 생체 칩이 666이라면 이미 생체 칩을 위의 다양한 용도로 사용하고 있는 크리스찬들은 모두 '사단의 아들'이라는 말인가? 성경을 이처럼 무지하고 거짓되게 억지로 해석하는 것에 대해 성경은 "무식한 자들과 굳세지 못한 자들이 다른 성경과 같이 그것도 억지로 풀다가 스스로 멸망에 이르느니라"(벤후 3:16)고 경고하였다.

5. 가톨릭과 WCC가 생체 칩을 거부한 자신들의 신자들을 죽이는 살인 집단인가?

저자는 프로테스탄트를 박해하고 살육하였던 예수회가 "막강한 권력, 세계적인 조직망, 정밀한 정보, 막대한 금력(金力)을 가지고 마치 첩보기관을 방불케 하는 치밀한 전략을 사용하여 프로테스탄트 교회를 장악하고 세계 종교를 가톨릭 안에 묶는 일을 줄기차게 진행"(224쪽)하고 있다는 주장한다.

따라서 2013년 부산에서 10차 총회로 모이는 "세계기독교교회협의회(WCC)를 통한 기독교 통합 운동이 종국에 가톨릭과 합쳐져서" 종교 통합 기구가 만들어 지면 인간을 통제하기 위해 개발된 생체 칩을 의무적으로 강제적으로 받게 하고 "받지 않으면 무정부주의자요, 세계평화에 위협을 주는 자이기 때문에 이 칩을 거절하는 기독교인들은 각종 고문과 어려움을 겪는 순교의 시대가 오는 것이다"(181쪽)고 하였다. 그리고 "세계단일 정부가 종교를 통합하여 새로운 종교 재판을 준비"하고 있는데, "사단이 예수 탄생 시 2세 미만의 남자 아이를 죽었던 것처럼 이제 사단이 다시 오실 예수님의 시대를 막기 위해 지상의 크리스챤들을 잔인하게 죽일 준비를 하고 있다"(209쪽)고 한다. 그러므로 '이 마지막 신호'를 깨달아 '마지막 성도'들은 순교를 각오하라고 촉구한다.

그런데 생체 칩을 거부한 신자들을 모두 죽이려고 가톨릭교회가 WCC를 끌여 들여 종교통일을 이루고 세계정부를 구성하는 계획하고 있다는 주장이 황당하기만 하다. 가톨릭교회와 WCC가 자신들의 교회에 속한 21억 이상의 신자들 가운데서 생체 칩을 거부하는 사람들을 모두 죽일 계획을 세우고 있는 살인집단이라는 말인가? 이러한 주장은 그 자체가 자기모순이며 사도신경에서 고백된 공교회(公敎會)를 살인음모 집단으로 매도하고 대적하는 교회론적 이단성이 농후한 발상이 아닐 수 없다.

무엇보다도 종교의 자유가 최대한 보장된 오늘과 같은 민주적인 문명사회에서, 그리고 개인적인 사생활까지 다양한 소셜 네트워크를 통해 전 세계와 소통할 수 있는 정보화 사회에서 단지 생체 칩을 거부했다는 이유로 무수한 사람들을 죽일 것이라는 망상이 현실적으로 가능하다고 보는지 묻고 싶다.

6. 허황된 음모설로 엮어진 망상을 계시로 착각

『마지막 신호』와 『마지막 성도』에는 이 외에도 히틀러가 교황과 예수회 신부들과 함께 유대인을 학살하였다거나, 록펠러가 유엔을 만들었다거나, 지구온난화는 허구이며, 기후협의는 현대판 공산주의이며, 유대인 키신저와 프리메이슨이 세계사적 온갖 음모를 꾸몄다는 인터넷에 떠도는 온갖 허황된 음모론을 사실 확인도 하지 않은 채 나열하면서도 저자는 "이 책은 단순한 흥미와 음모설(陰謀說)을 주장"하는 것이 아니라고 한다. 그리고 서문에서는 주님께서 "낮고 낮은 자(저자)에게 찾아 오셔서 이러한 "숨겨진 계획을 알게 하시고, 전하라고 하시니 두렵고 떨리지만, 한 편 감사하고 영광스럽다"(6쪽)고 하였다. 그리고 "이 글을 쓰면서 참 다양한 영적 계시를 주님께서 보여 주셨다"고 주장하고 "주님이 보여주신 장면"을 다음과 같이 적고 있다.

"우선 전 세계의 순교의 피를 보았다. …한국에서는 지역 곳곳에서 순교의 피를 많이 흘렸다. … 처음 시작된 그 피는 매우 붉고 깨끗한 피로 시작하여 나아가기 시작하였고 마침내 중국까지 나아갔다.··· 또한 미국을 보았다. 그곳은 순교의 피가 곳곳에 고여 있었고 흐르지 않았다"(233-234).

『마지막 신호』의 저자가 결론에서 제시하는 '주의 길을 예비하는 길'이 엉뚱하게도 생체 칩을 거부하고 순교하라는 것이다. 마지막 시대에 그리스도를 따르는 신자들이 구원받기 위해 택할 수 있는 마지막 방법이 생체 칩을 거부하고 순교하는 것이라는 말인가? 이 '마지막 신호'가 '놀라운 비밀'이요 '숨겨진 계획'요 '주의 계시'라는 말인가? 세계정부가 들어서고 종교통합이 이루어진다는 주장도 황당하지만, 가톨릭교회가 생체 칩을 거부한 크리스찬들을 죽이고 그 순교자들의 피가 지구를 적신다는 너무나도 비현실적이고 비성서적인 허황된 망상을 주님의 계시로 착각하고 있는 것이 아닌가하는 비판을 면할 수 없을 것이다.

허황된 음로론과 근거 없는 왜곡들을 사실인 것처럼 꿰어 맞추어 놓은 망상 수준의 비현실적인 황당한 주장이 주를 이루는 이 책이 신앙서적으로 분별없이 읽혀지고 저자의 간증집회가 계속되고 그 간증 동영상이 인터넷을 통해 유포되는 현실이 안타까울 뿐이다. 무엇보다도 이런 문제 있는 책을 아무런 신학적 검토 없이 출판하는 최근의 기독교 출판 풍토에 경악하지 않을 수 없다.

0 9 _

『 쿠 란 』에 나 타 난
반 기 독 교 적 예 수 관

탈레반에 납치된 한국인 의료봉사단 23명이 인질로 억류
되어 2007년 8월 2일 현재 그 중 2명이 처형되었다. 탈레반이
미군에 체포된 최고 사령관과 맞교환할 외국인을 물색하다가
한국인들이 걸려들었고, 납치 초기엔 아프간 협상단에 탈레
반 동료 수감자 115명과 한국인 인질 23명을 맞교환하자고
요구했던 것으로 드러났다.

이들의 기독교에 대한 반감은 최근의 정치적 이유도 있지
만 이슬람교 교리 자체의 종교적 이유도 없지 않다. 근래에 와
서는 미국의 편향된 친이스라엘 정책에 대한 반감과 미국의
아랍 국가들과의 여러 차례의 전쟁으로 인해 반미감정에 편승

한 반기독교 정서가 극도로 확산되고 있는 것이 사실이다. 그러나 이슬람교의 반기독교적인 전통은 그들의 경전인 쿠란에서부터 기원한다. 쿠란에 나타난 반기독교적 예수관을 살펴보려고 한다.

1. 예수의 성령 잉태 부정

쿠란에는 예수를 이사('Isa, 25회), 이븐 마리얌(마리아의 아들, 23회), 알 마시아(메시아, 11회), 나비(예언자, 1회)로 기록하고 있다. 성경과 꾸란의 예수 탄생 이야기는 비슷하지만 다른 구조를 가지고 있다. 마리아는 예수의 어머니로 택함을 받았다는 계시가 주어진다.

"마리아여, 알라께서 너를 택하사 정결하게 하시고 모든 여인들 위에 두셨다"(쿠란■ 3:42).

■ 나종근 엮음, 『쿠란』, 시공사, 2003.

"천사가 말했다. '마리아여, 알라께서 말씀을 통해 기쁨의 소식을 너에게 주시나니 그 이름은 마리아의 아들 예수 그리스도이다. 그는 이 세상과 오는 세상에서 존귀한 자이며 알라 가까이에 있는 자들 중 한 사람이니라'"(3:45).

그러나 예수의 탄생 방식에 대해서는 복음서와 달리 성령으로 잉태한 것이 나타나서 태어난 것이 아니라, 마치 아담의 창조처럼 '있으라' 하는 말씀으로 창조된 것으로 설명한다. "알라 앞의 예수는 아담과 같다. 알라께서 티끌로 그를 만들고 말씀하시기를 '있으라' 하니 그가 있었다"(3:59)는 것이다.

쿠란은 삼위일체를 부정하고, 성령의 신성과 인격성을 인정하지 않지만, 마리아의 아들 예수에게는 특별히 성령이 강하게 임하였고 성령이 그를 보호하였다는 것을 인정하였다. "알라는 마리아의 아들 예수에게 분명한 증거를 주셨고 성령으로 그를 강하게 하셨다"(2:253)고 하며, "알라는 모세에게 성서를 주었고 그 뒤로 예언자를 줄지어 보냈다. 또한 마리아의 아들 예수에게 분명한 증거를 주었고 성령으로 그를 보호하게 하였다"(2:87)고 한다.

2. 예수의 십자가의 죽음과 부활의 부정

쿠란에서 가장 논란이 되는 것 중의 하나는 예수의 죽음과 부활에 관한 것이다. 무엇보다도 예수의 십자가 처형을 부정하고 유대인들의 예수 살해 음모가 알라의 저지로 실패로 끝났다고 한다. 예수가 십자가에 못 박혀 죽었다는 내용을 인정하지 않고 있다.

"그들은 '우리가 메시아이며 마리아의 아들이자 알라의 예언자인 예수를 죽였다'고 말하나 그들은 예수를 죽이지도 십자가에 못 박지도 않았다. 그들이 그렇게 말하는 것은 다만 자기들 눈에 그렇게 보였기 때문이다. 이와 달리 생각하는 자들은 분명 의심하는 자들이다. 그들은 이에 관해 분명히 알지 못하며 다만 추측할 뿐이다. 그들은 분명 예수를 죽이지 않았다"(4:157).

'그들이 그렇게 말하는 것은 다만 자기들 눈에 그렇게 보였기 때문이다'는 구절을 해석하는 과정에서 소위 대리처형설이 나오게 된다. 예수와 대체된 사람은 가룟 유다, 구레네 시몬,

제자 중의 한 사람, 혹은 예수의 적대자 중 한 사람으로 해석된다. 그리고 가룟 유다라고 주장하는 이들도 있다.

그러나 쿠란의 아래 인용한 다른 구절에서는 알라가 예수를 죽게 하여 불러 올렸다고 한다. 그래서 일부 이슬람학자들은 이는 예수의 자연사적 죽음이라고 해석한다.

"알라께서 말씀하시길 '예수여, 내가 너를 죽게 하여 내게로 불러 올린 다음, 너에게서 믿지 않는 자들의 죄를 씻을 것이다. 또한 나는 너를 따르는 자들을 심판의 날까지 불신자들보다 높은 곳에 두겠다. 그 다음 너희 모두를 내게 돌아오게 하여 너희들이 논쟁하는 문제를 심판할 것이다'"(3:55).

위의 인용구의 알라가 예수를 '불러 올렸다' 또는 '들어 올렸다'(ar-raf'u)는 의미에 관해서도 논쟁이 분분하다. 그래서 이슬람학자들은 두 가지로 해석한다. 예수는 자연사한 후에 알라에게 '불려 올라갔다'고 주장하고 일부는 예수가 죽지 않고 신에게 '들려 올라갔다'고 해석한다. 어쨌든 예수가 알라께 '불려 올라갔거'나 예수를 '이끌어 간 것'으로 승천으로 묘사한다.■ 명시적으로 죽은 자의 부활로 인정하지는 않았다.

3. 예수의 신성과 삼위일체론 부정

쿠란은 예수가 단지 알라의 여러 예언자 중 한 사람으로 알라에게 복종한 자라고 주장한다.

"너희는 말하라. '우리는 알라를 믿는다. 또한 우리에게 임한 계시와 아브라함과 이스마엘, 이사악과 야곱과 그 후손에게 임한 계시, 모세와 예수에게 임한 계시 그리고 주께서 보내신 예언자들에게 임한 계시를 믿는다. 우리는 이들 사이에서 아무런 차이점도 발견하지 못했다. 우리는 오직 알라께 복종한다"(2:136).

따라서 예수가 '알라(신)의 아들'이라 것과 예수가 신성을 지녔다는 주장은 불경한 것이며, 그 누구도 알라와 동등하게 숭배해서는 안 된다고 가르친다.

■ 참고, "오히려 알라께서는 예수를 당신에게로 이끄셨다. 알라는 전지 전능하신 분이다"(4:158).

"유태인들은 에즈라가 알라의 아들이라고 말하고 기독교인들은 예수가 알라의 아들이라고 말한다. 그들은 자기들 입으로 이런 말을 했다. 그들은 과거에 믿지 않는 자들이 한 말을 흉내내는 것이니 알라여 그들을 멸하소서. 그들은 매우 불경한 자들입니다"(5:30).

코란은 예수의 신성을 부정하기 때문에 당연히 삼위일체론을 인정하지 않는다. 오직 알라는 한 분 뿐이며 알라 한분으로 충분하다고 한다.

"성서(쿠란)의 백성들아, 너희가 속한 종교를 넘어서지 마라. 알라에게 거짓말하지 말고 진실만을 말하도록 하라. 마리아의 아들 예수는 알라의 예언자일 뿐이고 알라께서 마리아에게 하신 말씀을 이룬 것이니라. 예수는 알라로부터 온 하나의 영혼이었다. 그러므로 알라와 그 예언들을 믿어라. *알라가 세 존재로 이루어져 있다고 말하지 마라.* 그렇게 말하지 않는 것이 너희에게 이로우나니 알라는 오직 한 분뿐이시다. 알라께서 아들을 두셨다고 말하는 것은 그의 영광을 가리는 것이다. 하늘과 땅에 있는 만물이 알라의 것이니 우리의 보호자는 알라 만으로도 충분하다"(4:171).

4. 타종교에 대한 태도

이슬람교 외의 타종교에 대한 태도는 배타적이다. "종교를 강요해서는 안 된다"(2:256). "알라 앞에 존재할 수 있는 종교는 오직 이슬람뿐"(3:19)이기 때문이다. 이슬람 국가에서는 기독교 등 타종교의 선교 활동은 종교의 강요에 해당하는 불법으로 간주한다. 다른 종교를 추구하는 자들에 대한 태도가 자못 강경하다.

"이슬람 외에 다른 종교를 추구하는 자는 인정받지 못할 것이요. 다음 세상에서 길을 잃어버릴 것이다"(3:81)고 한다. 그리고 "하늘과 땅의 모든 피조물들은 원하든 원하지 않든 알라께 복종하여 모두 알라께 돌아갈 것이다. 그런데 그들이 알라의 종교 외에 다른 것을 찾고 있단 말인가?"(3:38)라고 가르친다.

5. 전쟁에 대한 태도

쿠란은 "알라의 이름으로 너희를 적대시 하는 자와 싸워라"(2:190)고 가르치고 있다. 물론 "그러나 적정한 한계를 넘지 마라. 알라께서는 도가 지나친 자를 좋아하지 않으신다"는 단서를 붙였지만. 압제는 살인보다 나쁜 것이므로 압제자를 살인하는 것을 정당화된다.

"알라를 위해 싸워라. 알라께서는 모든 것을 들으시고 알고 계심을 명심하라"(2:244).
"너희에게 대항하는 자들과 마주치게 되면 어디에서든지 싸워라. 그들이 너희를 몰아낸 곳에서 그들을 몰아내라. 압제는 살인보다 더 나쁜 것이다. ― 그들이 너와 싸우려 하면 맞서 싸워라. 이것은 믿지 않는 자에게 주는 대가이다"(2:191).

죽음을 두려워하지 말고 전쟁에 나아가 순교하라고 가르친다. 순교자는 모두 알라께서 다시 부활시키셨으니, 그 은총을 감사하라고 가르친다.

"죽음을 두려워해 수천 명이 한꺼번에 집을 떠난 것을 보자 않았 느냐? 그때 알라께서는 그들을 향해 '순교하라'고 말씀하셨다. 그런 다음 그들을 다시 부활시키셨다. 알라께서는 인간에게 은 총을 아낌없이 주신다. 그러나 대부분의 인간들은 감사할 줄 모 른다"(2:243).

그리고 소수의 무리가 다수의 적군을 이긴 적이 얼마나 많 은지 그 사례를 제시하며, 다수의 강자를 대항하여 싸우는 용 기를 북돋운다. 그리고 그런 방법으로 압제의 무리를 몰아내 는 것이 알라의 은총이라 가르친다.

"알라의 뜻에 따라 작은 무리가 큰 무리를 이긴 적이 얼마나 많았 던가. 알라께서는 흔들림 없이 인내하는 자와 함께하시니 라"(2:249).

"그리하여 이들은 알라의 뜻으로 적을 물리쳤고 다윗은 골리앗 을 죽였다. — 알라께서 누군가를 통해 이 무리들을 몰아내지 않 았다면 세상은 실로 불행으로 가득 찼을 것이다. 그러나 알라께서는 세상 모든 것에 풍요로운 은총을 내리신다"(2:251).

끝으로 많은 이들이 아프카니스탄 인질 사태로 기독교의 공격적 선교와 배타성에 대해 극언을 퍼붓고 있는 실정이다. 그러나 좀더 냉정하고도 객관적으로 보아야 한다. 의료봉사를 빙자하여 선교를 했다고 하자. 21세기 대명천지에 자기 백성들을 자원봉사하기 위해 찾아온 젊은이들을, 그것도 비군사 민간 요원을 납치하여 인질로 끌고 다니며 재판도 없이 처형하고 그 시신을 방치 공개하여 자신들의 군사적 정치적 목적을 실현하려는 것이 어떻게 정당화 될 수 있는가?

탈레반의 민간인 인질 살해라는 천인공노할 범죄는 비판하지 않으면서 일부 기독교인들의 안전을 충분히 고려하지 않은 것과 봉사활동을 빙자하여 선교한 것만을 비난한다는 것을 공정하지 못하다. 물론 한국 기독교의 단기 선교의 문제점을 이번 기회에 고쳐 나가야 되겠지만 그 모든 책임을 전적으로 우리 젊은이들에게 돌리다니, 과격한 테러집단 탈레반은 아무 잘못도 없다는 말인가? 세계인들을 비롯하여 다수의 아랍인들마저 탈레반의 인질 사태를 범죄로 규정하고 비난하고 있지 않는가? 잔학무도한 가해자를 비난하지 않고 선량한 자국민의 피해자를 비난하는 것이 말이나 되는 논리인가? 밤길을 가다가 성폭행을 당한 일에 대해 폭행범을 원래 그런 범죄자라고 당연시하고 밤길 다닌 것만 잘못이라고 비난하는 것과 무엇이 다른가?

"연탄재 발로 함부로 차지 마라. 너는 누구에게 단한번이라도 뜨거운 사람이었느냐"는 안도현의 시가 생각난다. 아프카니스탄으로 간 젊은이들이야 말로 봉사와 선교의 열정으로 뜨거운 사람들이었다. 이들의 희생적 열정을 함부로 비난하지 마시라. 당신도 그들처럼 뜨거운 사람이라면….

최근 한국 기독교에서는 이슬람교에 대한 경계심을 강조하면서 이슬람교의 여러 교회와 행태를 강하게 비판하는 이들이 없지 않다. 그러나 어느 종교든 자기 종교만이 구원이 있다는 배타성을 가지고 포교 활동을 하고 있다. 따라서 종교 간의 교리적 대화는 거의 불가능하다는 것이 종교다원주의자로 알려진 존 캅 같은 신학자들의 주장이다. 우리가 타종교의 교리를 비판하는 만큼 우리도 비판받을 수 있기 때문이다. 그래서 타종교와의 대화를 넘어서 종교 간의 협력이 필요한 시대라고 한다. 인류 복지와 세계 평화를 위해 고등 종교 간의 협력이 더욱 절실한 시대이기 때문이다. 그런데 이러한 협력의 전제 조건은 상호주의이다. 국가 간의 통상이나 외교에서는 이미 이 상호주의 원칙이 시행되고 있다. 그러나 이슬람교와의 종교 간의 협력의 문제점은 이 상호주의가 거부된다는 점이다. 이슬람교도들이 한국에서 자유롭게 종교 활동을 할 수 있다면 한국의 기독교인들도 이슬람 국가에 가서 자유롭게 종교 활동을 할 수 있어야 한다. 이러한 상호주의의 호혜평등의 원칙을 우리는 이슬람 국가나 이슬람교인들에게 끊임없이 요구하여야 하고 그들은 이를 수용해야 할 것이다.

10 _

「도 마 복 음 서」의 기 독 교 에 대 한
영 지 주 의 적 왜 곡 반 박

「도마복음서」는 지금으로부터 약 100년 전 이집트의 옥시
링쿠스(Oxyrhynchus)에서 그리스어 본 파피루스가 발견되었
고 1945년에 이집트의 나그함마디(Nag Hammadi)에서 옥시
링쿠스 파피루스와 동일한 내용을 담고 곱틱어본 파피루스가
다시 발견되었다. 이「도마복음서」는 대략 기원후 2세기경에
희랍어로 기록되어 보존되다가 이집트에서 발견된 것이다.

나그함마디 파피루스의 영지주의 문헌들 가운데서 가장
주목을 끄는 책인 도마복음서는 예수의 가르침, 예언, 격언,
우화를 모은 것이다. "누구든지 이 비밀 말씀의 뜻을 깨닫게
되는 자는 죽음을 경험하지 않으리라"(1절)로 시작되는 도마

복음서는 모두 114절로 구성되어 있는데 그 중 40% 정도가 내용상 복음서, 주로 요한복음서와 일치한다. 나머지 60%는 도마복음에만 독특한 구절로서 예수의 가르침을 영지주의식으로 변형, 왜곡시킨 것들이다.

김용옥 교수가 도마복음서를 가끔 인용하며 대단한 진리가 있는 것처럼 일반인들에게 소개하고 있어 도마복음서에 대해 호의적인 사람이 적지 않으나 이는 기독교의 근본 가르침과 위배되는 것임을 알아야 한다.

1. 영혼만 아니라 몸도 사랑하여야 한다

모든 영지주의는 이원론(二元論)에 기초를 두고 있는데, 영(靈)의 세계와 물질의 세계, 영혼과 육체는 서로 존재론적으로 대립의 관계에 있다는 전제에서 출발한다. 이러한 영육이원론은 전자는 선하고 후자는 악하다는 선악이원론으로 귀결된다. 이러한 존재론적 윤리적 이원론이 그대로 신론, 기독론, 인간론, 구원론 등에 적용된다.

영지주의에 의하면 인간은 원래 천상의 영적 존재이었다.

도마복음서

일부 영지주의자들은 천상의 영적 존재이었던 인간 안에는 마치 신적 로고스의 씨앗(logos spermaikos)처럼 '신적 불꽃(divine spark)'이 내재해 있었다고 주장한다. 그러나 어쩌다가 천상의 인간은 이러한 '신적 불꽃'인 영혼을 상실하고 지상의 물질 세계로 추방되어 고통과 죽음의 운명을 지닌 육신의 감옥에 유폐되었다고 주장한다. 육신(soma)은 감옥(sema)이라고 보았다. '육신은 무덤'(soma-sema)이라는 그리스어의 압운(押韻)이 널리 통용되었다.

도마복음서 역시 영육이원론에 근거하여 있다. 그래서 "영혼에 의지하는 육체에게 슬픔이, 육체에 의지하는 영혼에 게도 슬픔이 있으리라"(112)고 하였다. 그리고 "영혼 때문에 육체가 생겨났다면 이것은 경이로운 일이로다. 그러나 육체 때문에 영혼이 생겨났다면 이것은 경이 중의 경이로다. 이 위 대한 부가 이처럼 가난 속에 자신의 거소(居所)를 만들었다는 것이 참으로 놀랍도다"(29)고 하였다.

심지어 25절에는 예수가 "너 이웃을 네 몸과 같이 사랑하 라"(막 12:31 병행) 하신 말씀을 "네 형제를 여러분의 영혼과 같이 사랑하라"는 말로 변형하여 왜곡시켰다. 이웃이라는 말 대신 형제라 하였고 '네 몸과 같이'라는 말은 '네 영혼과 같이' 로 바꾸었다. 일점일획도 바꿀 수 없는 예수의 가르침을 이렇 게 왜곡한 것이다. 영지주의자들은 육체는 영혼의 감옥이므 로 육체적인 몸을 사랑해서는 안 되기 때문이다. 영적 각성을 통해 이 육체 감옥을 벗어나는 것을 구원이라 여겼기 때문 이다.

2. 영적 각성을 통해 구원을 얻는 것이 아니다

영지주의는 영적 세계의 영적 존재였던 인간이 이 물질 세상으로 추방되어 그 영혼이 육체의 감옥으로 유폐됨으로서 온갖 고통을 겪게 되면서 점차 자신의 본래적인 본성을 망각하게 되었다고 본다. 자신의 추방과 유폐를 망각한 채 살아가고 있음을 전제한다. 「진리의 복음서」는 이를 악몽으로 비유하여 "사람들은 무지할 때 마치 잠 속에 빠진 것처럼 행동하였다. 그리고 마치 깨어났을 때처럼 영지에 이르렀다"고 가르친다.

구원은 영적 지식의 각성에 의해 이루어진다. 영적인 인간임을 망각하고 살아가는 인간은 영적 존재에의 각성을 통해 구원받는다. 영적 각성을 영적 지식을 통해 자신이 어디서 와서 어디로 가는지 깨닫게 된다는 것이다.

도마복음서 역시 "너희가 네 자신을 알게 되면 너희는 알려질 것이요 살아계신 아버지의 자녀가 자신임을 깨닫게 되리라"(3절 후반)고 하였다. 예수 그리스도의 대속적인 죽음을 통해 하나님의 자녀가 되는 것이 아니라 각자의 자신의 내적 자각을 통해 하나님의 자녀가 된다고 가르친다. 그리고 "모든 것을 알되 자기 자신을 모르는 사람은 아무 것도 모르는 사람이니라"(67)고 하였으며 "그대 안에 있는 것을 열매 맺게 한다면 그것이 그대를 구원할 것이며 그대 안에 그것을 가지지 않는다면 그대가 가지지 않은 그것이 그대를 죽일 것이니라"(70)고 한다. 이는 복음서에 없는 내용으로서 내면적 자아의 발견이나 영적 자각을 가르치는 영지주의의 전형적인 가르침이다.

영지주의는 그리스도의 육체적 대속적 죽음과 그리스도의 육체적 부활에 대한 믿음을 통해 죄 사함을 받아 영육 간에 구원을 얻는다는 기독교의 구원론을 조잡한 것으로 배척한다. 영혼의 불멸이라는 플라톤적 교설이나 영적 각성이라는 불교적인 영적 부활론을 선호하고 영적 세계로의 귀향이라는 신화론적 구원론에 집착한다. 심지어는 박해 기간 동안 그리스도를 증거하기 위해 '자기 십자가를 지고 그리스도를 따르는 순교자적인 신앙'을 경멸한다. 이레네우스는 "이 거짓 형제들은 너무나 대담무쌍하여 심지어 순교에 대해 경멸을 쏟아 부었다"고 토로하였다.

3. 예수는 육체로 나타난 것이 아니라 태어났다

영지주의자들은 인간 자신은 본래 영적 존재였다는 사실을 망각한 채 깊은 잠에 빠져 있는 인간을 깨우기 위해 천상의 신이 구원자를 이 땅에 보냈다고 가르친다. 인간을 육체의 감옥에서 해방시켜 영적 세계로 귀환하여 구원을 얻게 하기 위해서는 망각의 망각을 일깨워 줄 영적 지식과 이를 전해 줄 영적 교사로서 구세주가 필요하다는 것이다.

그런데 이 영적인 교사인 영적 존재인 구세주는 육신의 감옥에 갇힐 수 없는 영적 존재이다. 이러한 영지주의의 기본적인 사상으로 인해 기독교 영지주의자들은 예수가 동정녀 마리아의 몸에서 육체로 태어난 것을 수용할 수 없었다. 그래서 그리스도는 영지주의의 영적 교사요 구세주처럼 이 땅에 인간의 육체로 태어나(genaratio) 육체를 지닌 온전한 인간이 아니라, 인간의 육체를 잠시 빌려 육체적인 모습으로 나타난(doceo) 유령과 같은 가상의 존재라고 가르친다. 로마 교회의 장로였다가 파문당한 말키온과 같은 기독교 영지주의자는 예수의 동정녀 탄생이 기록된 내용을 삭제하였다. 그리스도는 구약의 예언자나 다른 누구의 예고도 없이 갑자기 로마 황제 디베료가 즉위한 지 15년이 되는 해(눅 3:1)에 갈릴리의 가버나움에 있는 회당에 육체의 모습으로 강림하여 가르치기 시작했다고 한다. 그리스도는 인간적 탄생을 거치지 않고 30세쯤의 성인(成人)의 모습으로 하늘에서 직접 내려왔기 때문에 구약과 완전히 단절된 새로운 존재인 것이다. 그리스도는 순수한 영적 존재이며, 그리스도의 기적들과 새로운 가르침은 그리스도의 신성을 입증한다는 주장이다.

도마복음서 28절에는 역시 예수께서 말씀하시길, "나는 세상 한가운데 와서 육체로 사람들에게 나타났노라"(I appeared to them in flesh)고 하였다. 예수의 동정녀 탄생이나 십자가의 육체적 고난과 죽음은 전혀 언급이 없다. 따라서 육체적으로 죽은 자의 부활에 대해서도 침묵하고 있다. 최초의 복음서인 마가복음서가 '긴 서론이 달린 예수의 수난설화'라는 특징과는 전적으로 다른 것이 도마복음서인 것이다. 이처럼 예수께서 육체로 태어난 것이 아니라 육체로 나타났다는 가현설(假現說, docetism)은 예수의 동정녀 탄생과 육체적 죽음과 부활뿐 아니라 예수 그리스도의 참된 인성을 부정하는 것으로 여겨 초대교회부터 이단으로 정죄된 것이다. 왜냐하면 성서는 "예수 그리스도께서 육체로 오심을 부인하는 자"(요2서 1:7)들을 모두 '적그리스도'라고 규정하고 있기 때문이다.

4. 영적 비밀을 통한 영적 귀환이 구원이 아니다

영지주의는 일반적으로 육체의 감옥과 이 세상에로의 유폐라는 망각의 잠에서 깨어나는 영적 각성과 천상으로의 복귀를 구원으로 이해하였으며, 이러한 구원의 지식을 영지라고 가르쳤다. 영지주의자들은 이 구원의 지식을 「진주의 노래」에서 '마법의 편지'라고 표현한 것처럼 비밀스러운 지식이라고 한다.

어떤 이들은 인간 안에는 '신적 불꽃'이 있는데, 이 신적 섬광은 원래 영의 세계의 요소이며, 모든 사람이 가지고 있는 것이 아니라 일부 사람들 안에만 있다고 한다. 그리고 천상 영적 세계에 속하는 구원자가 물질 세계에 내려와서 '신적 불꽃'을 가지고 있는 사람들에게만 몰래 그 비밀을 깨우쳐 줌으로써 구원이 이루어지는데, 이 비밀이 바로 영지(Gnosis)라는 것이다. 일부 기독교 영지주의자들은 12제자나 막달라 마리아와 바울과 야고보 등이 이 비밀 전승을 전수한 주체들이라고 가르친다.

도마복음서의 비밀은 도마가 전승한 것이라고 한다. 서문에는 "이 가르침은 살아있는 예수께서 말씀하신 비밀의 말씀이며 디디모스 유다 도마가 기록한 것이다"고 적고 있다. 이어 1절에는 예수께서 말씀하시길 "누구든지 이 비밀 말씀의 뜻을 깨닫게 되는 자는 죽음을 경험하지 않으리라"라고 가르친다. 이어서 62절에는 "나의 비밀을 받을만한 가치 있는 자들에게만 나의 비밀을 말하노라"고 하였다. 그리고 "형상들은 사람들에게 분명히 드러나나, 사람들 안에 있는 빛은 아버지 빛의 형상 안에 감추어져 있느니라. 그(아버지)는 자신을 드러내겠지만 그의 형상은 그의 빛에 의해 감추어져 있을 것이니라"고 한다.

마르키온은 「누가복음」에서 예수가 공개적으로 가르친 내용보다 더 중요한 것이 바로 예수 자신의 비밀 전승이라고 하였다. 부활 이후 40일 동안 예수께서 사도들에게 하신 비밀스러운 말씀들과 사도 바울이 삼층천에 갔다 와서 전해준 영적 비밀을 자신들만이 비밀리에 전승하였다고 주장하였다. 그리고 이 비전적(秘傳的) 신비를 공개적으로 선전하지 아니하고, 자기들만의 전례 기도문이나 성례의 정식(定式)으로 만들어 자기들만의 집회에서 사용함으로써 다른 사람들에게는 비밀로 삼았다.

정통 교회는 공생애 동안의 예수의 가르침과 사역이 공개적인 것이었다는 것과 예수 사후의 베드로와 바울의 가르침과 사역 역시 공개적인 것임을 강조하였다. 이미 요한복음에는 예수가 체포되어 대제사장들이 그의 교훈을 질문할 때 은밀한 가르침은 전무한 것으로 대답하였다고 기록한다.

"내가 드러내 놓고 세상에 말하였노라 모든 유대인들이 모이는 회당과 성전에서 항상 가르쳤고 은밀하게는 아무것도 말하지 아니하였거늘"(요 18:20).

예수의 비밀 전승이 실제로 있었다면, 베드로와 바울 같은 사도들은 자신이 교회에 세운 감독들에게 이것을 반드시 전수하였을 것이다. 그러나 사도들이 세운 교회들 가운데 이러한 이단적 가르침이 전수된 실례가 전무하다는 점을 들어 영지주의들의 비밀 전승을 강력하게 부인하였다.

영지주의자들이 말하는 영적 비밀로서 구원은 '신적 불꽃'을 지니고 있는 극소수의 사람에게 국한된다는 점에서 선민적(先民的) 운영론이며, 영지가 일반 대중에게 공개될 수 없는 은밀한 비밀이라는 점에서 밀교적(密敎的) 성격을 띠고 있다. 흔히 종교를 밀교(密敎)와 현교(顯敎)로 구분하는데, 밀교는 교리와 제도와 의식의 일부는 외부자에게 공개되고 그 일부는 내부자들에게만 공개되는 이중 구조를 지니고 있다. 반면에 현교는 교리와 제도와 의식이 모두 공개되어 있는 종교이다. 따라서 영지주의는 교리와 제도와 의식의 일부가 외부인들에게는 철저하게 감추어져 있는 밀교의 성격이 강한 것으로 볼 수 있다.

3세기부터 사용된 사도신경은 영지주의를 반박하기 위한 신앙고백이다. 영지주의자들이 구약의 창조주(Demiurgus) 하나님을 열등한 신으로 보아 신약의 영의 아버지 하나님과는 다른 신이라고 했기 때문에 '창조주 하나님이 바로 아버지 하나님인 것'을 밝힌 것이다. 그리고 "그의 외아들 우리 주 예수 그리스도를 믿사오며, 이는 성령으로 잉태하사 동정녀 마리아에게 나시고, 본디오 빌라도에게 고난을 받으사, 십자가에 못 박혀 죽으시고, 장사한 지 사흘만에 죽은 자 가운데서 다시 살아나시며"라는 고백은 예수는 육신으로 태어났으며, 이전에 알려지지 않은 하나님의 아들이 아니라, 창조주 아버지 하나님의 아들이며 유령이 아니라 완전한 인간이라는 것을 주장하고 있다. 육신으로 태어나 육신으로 고난을 받고, 육신으로 죽으시고, 육신으로 장사되고, 육신으로 다시 살아나셨다는 것을 명시한 것은 그리스도께서 육신으로 오신 것을 부인하는 영지주의자들의 반그리스도(anti-Christ)적인 주장을 명확하게 반박하기 위한 것이다.▪

▪ 참고 : 허호익, 영지주의의 기독교 왜곡과 사도신경의 형성, 「신학과 문화」 14 집(2005.5) : 191-220

참 고 문 헌

http://www.antichrist.or.kr

Baigent, M. & Leight, R. & Lincoln, H.(2005), 『성혈과 성배』, 서울: 자음과 모음사.

Barth, K.(1961), *Church Dogmatics*, Edinburgh : T. & T. Clark.

Bruce, F. F.(1980), 『성서 밖에서 본 예수와 기독교의 기원』, 컨콜디아사.

Calvin, J.(2009), 「성해론」, 『칼뱅작품선집 III』, 서울: 총신대학교출판사.

Daly, Mary(1997), 『교회와 제2의 성』, 서울: 여성신문사.

Erickson, M. J.(1998), 『복음주의 조직신학』중, 서울: 크리스챤다이제스트

Freke, Timothy(2011), 『예수는 신화다: 기독교의 신은 이교도의 신인가』, 서울: 미지
   북스

Funk, R. W.(1999), 『예수에게 솔직히』, 서울: 한국기독교연구소.

Geisler, N. L.(1988), 『성경무오: 도전과 응전』, 서울: 엠마오,

Gruber, Elmar R.(2001), 『예수는 십자가에서 죽지 않았다』, 서울: 아침이슬.

Irenaeus, Adv. Haer. 3. 3. 4.

Jeremias, J.(1988), 『예수 시대의 예루살렘』, 서울: 한국신학연구소

M. Baigent & R. Leight & H. Lincoln(2005), 『성혈과 성배』, 자음과 모음사.

McDowell, J. & Willson, B(1991), 『예수님은 실존인물인가』, 서울: 생명의 말씀사.
   513.

Origen, "Against Celsus I", *The Ante-Nicene Fathers*, vol. IV tr. A. Roberts & J.
   Donaldson, Grand Rapids, Mich.: Wm. B. Eerdmans.

Ott, H.(1974), 『신학해제』, 서울: 한국신학연구소

Prophet, E. C.(1987), 『예수의 잃어버린 세월: 예수는 13세부터 29세까지 어디에 있었
   나』, 서울: 동국출판사.

Prophet, E. C.(1987), 『예수의 잃어버린 세월』, 서울: 동국출판사,

R. Ruvenstein(2004), 『예수는 어떻게 하나님이 되었는가』, 서울: 한국기독교연구소

Stein, Robert(2001), 『메시야 예수-예수의 생애 연구』, 서울: 한국기독교출판사.

Strobel, Lee(2000),『예수 사건』, 서울: 두란노.

Tavor, J. D.(2007),『예수 왕조』, 서울: 현대문학.

Theissen, G. & Merz, A.(2001),『역사적 예수』, 서울: 다산글방.

김용옥(2007),『기독교성서이해』, 서울: 통나무, 2007.

김용옥(2007),『요한복음강해』, 서울: 통나무, 2007.

데이비드 차,『마지막 성도』서울: 예영 컴뮤니케이션

데이비드 차,『마지막 신호』, 서울: 예영 컴뮤니케이션.

민희식(2007),『법화경과 신약성서』, 서울: 블루리본.

오강남(2001),『예수는 없다』, 서울: 현암사.

이슬람 국제출판국(1988),『한글번역본 코란』,

허호익(1999),『그리스도의 삼직무론』, 서울: 한국장로교출판사.

허호익(2003),「예수 그리스도 바로보기」, 서울: 한들.

허호익(2005), "영지주의의 기독교 왜곡과 사도신경의 형성",「신학과 문화」14집,
    191-220

허호익(2010),『야웨 하나님』, 서울: 동연.

연세신학문고 6
안티 기독교 뒤집기

2015년 8월 10일 인쇄
2015년 8월 20일 발행

지은이 | 허호익
펴낸이 | 김영호
펴낸곳 | 도서출판 동연
등 록 | 제1-1383호(1992년 6월 12일)
주 소 | (우 121-826) 서울시 마포구 월드컵로 163-3
전 화 | (02) 335-2630
팩 스 | (02) 335-2640
이메일 | yh4321@gmail.com

ISBN 978-89-6447-281-1 03200
ISBN 978-89-6447-230-9 03200(세트)